令人心驰神往的彩云之南

人心驰神往的彩云之南

本书编写组◎编

LINGREN
XINCHISHENWANG
DE CAIYUN ZHINAN

广州·北京·上海·西安

世界图书出版公司

图书在版编目（CIP）数据

令人心驰神往的彩云之南 /《令人心驰神往的彩云之南》编写组编. —广州：广东世界图书出版公司，2010.8（2024.2 重印）

ISBN 978 - 7 - 5100 - 2694 - 2

Ⅰ. ①令… Ⅱ. ①令… Ⅲ. ①云南省 – 概况 – 青少年读物 Ⅳ. ①K927.4 – 49

中国版本图书馆 CIP 数据核字（2010）第 169732 号

书　　名	令人心驰神往的彩云之南
	LINGREN XINCHI SHENWANG DE CAIYUN ZHINAN
编　　者	《令人心驰神往的彩云之南》编写组
责任编辑	张梦婕
装帧设计	三棵树设计工作组
出版发行	世界图书出版有限公司　世界图书出版广东有限公司
地　　址	广州市海珠区新港西路大江冲 25 号
邮　　编	510300
电　　话	020-84452179
网　　址	http://www.gdst.com.cn
邮　　箱	wpc_gdst@163.com
经　　销	新华书店
印　　刷	唐山富达印务有限公司
开　　本	787mm × 1092mm　1/16
印　　张	13
字　　数	160 千字
版　　次	2010 年 8 月第 1 版　2024 年 2 月第 10 次印刷
国际书号	ISBN　978-7-5100-2694-2
定　　价	49.80 元

版权所有　翻印必究
（如有印装错误，请与出版社联系）

前 言

　　云南是我国少数民族数目最多的省份，省内有白族、哈尼族、傣族、傈僳族、佤族、纳西族、布朗族、独龙族等；云南是动植物的王国，境内有滇金丝猴、绿孔雀、小熊猫、蟒、亚洲象、抗浪鱼、望天树、跳舞草、丽江云杉、橡胶树、油棕、三七、马尾松、云南松等国家珍稀动植物；云南是有色金属王国，锌、石墨、锡、镉、铟、铊和青石棉等储量都居全国首位；云南也是巨大的地质博物馆，出土了大量侏罗纪时期的蜥脚类恐龙化石、寒武纪多细胞生物的化石等，还建有泥石流博物馆。

　　本书分为三部分：第一部分的云南概况，介绍了云南的地理位置、气候地貌、自然资源、历史沿革、特色特产等基本情况，让大家对美丽的云南有一个初步的认识；第二部分的城市和地区，讲述了云南主要城市的基本情况和绚丽的风光，让大家领略美丽云南的自然风光和绚烂的民族文化；第三部分的云南主要少数民族，介绍了主要居住在云南的哈尼族、佤族、布朗族、拉祜族、独龙族等 12 个少数民族的特色服饰、民居、主要节庆等，让大家了解云南主要的少数民族的丰富文化。

　　通过这本《心驰神往的彩云之南》，我们希望大家能对云南有一个基本的了解，产生去云南走一走、看一看的兴趣。

编 者

目　录

LINREN XINCHISHENWANG DE CAIYUNZHINAN

令人心驰神往的彩云之南

目录

云南省内的少数民族

LINREN XINCHISHENWANG DE CAIYUNZHINAN

云南概况

地理位置

　　云南省地处中国西南边疆，位于东经 97°31′～106°12′，北纬 21°8′～29°15′之间。北回归线横贯南部，全境东西横跨 864.9 千米，南北纵跨 990 千米。

云南省东面与贵州省、广西壮族自治区为邻；东北面以金沙江为界与四川省隔江相望；西北面紧靠西藏自治区；西面与缅甸接壤；南面与老挝、越南毗邻。边界线长 4060 千米，其中，中缅边界 1997 千米，中老边界 710 千米，中越边界 1353 千米，共有 8 个边境地州、26 个边境县（市）；国家级口岸 10 个，省级口岸 8 个，出境公路 20 余条。

基本情况

【面积】39 万平方千米

总面积占全国面积 4.11%，在全国各省级行政区中面积排名第八。

【人口】约 4543 万

2008 年，全省常住人口 4543 万人，人口自然增长率 6.32‰，城镇人口 1487 万人，人口城镇化率 33%，比上年增加 1.4 个百分点；少数民族人口 1590 万人，占总人口的 35%，民族人口占总人口的比重较为稳定。

【省会】昆明

【简称】云或滇

气候特点

1. 类型

云南地处低纬度高原，地理位置特殊，地形地貌复杂，所以气候也很复杂。受南孟加拉高压气流影响形成的高原季风气候，使全省大部分地区冬暖夏凉，四季如春。全省气候类型丰富多样，有北热带、南亚热带、中亚热带、北亚热带、南温带、中温带和高原气候区共 7 个气候类型。

2. 特点

云南气候兼具低纬气候、季风气候、山原气候的特点。其主要

LINREN XINCHISHENWANG DE CAIYUNZHINAN

表现为：

（1）气候的区域差异和垂直变化十分明显。这一现象与云南的纬度和海拔这两个因素密切相关。这种高纬度与高海拔相结合、低纬度和低海拔相一致，即水平方向上的纬度增加与垂直方向上的海拔增高相吻合的状况，使得各地的年平均温度，除金沙江河谷和红河河谷外，

大致由北向南递增，平均温度在5℃～24℃，南北气温相差达19℃左右，表明了"立体气候"的特点。

（2）年温差小，日温差大。由于地处低纬高原，所以空气干燥而比较稀薄，各地所得太阳光热的多少随太阳高度角的变化而增减外，也受云、雨的影响。夏季，最热天平均温度在19℃～22℃；冬季，最冷月平均温度在6℃～8℃以上。年温差一般为10℃～15℃，但阴雨天气温较低。一天的温度变化是早凉、午热，尤其是冬、春两季，日温差可达12℃～20℃。

（3）降水充沛，干湿分明，分布不均。全省大部分地区年降水量在1100毫米，但由于冬夏两季受不同大气环流的控制和影响，降水量在季节上和地域上的分配是极不均匀的。降水量最多是6～9月，约占全年降水量的60%。11月至次年4月的冬春季节为旱季，降水量

只占全年的 10%～20%，甚至更少。不仅如此，在小范围内，由于海拔高度的变化，降水的分布也不均匀。

地貌特征

云南的地貌，以云南元江谷地和云岭山脉南段的宽谷为界，全省大致可以分为东西两大地形区。

东部为滇东、滇中高原，称云南高原，属云贵高原的西部，平均海拔 2000 米左右，这里主要是波状起伏的低山和浑圆丘陵，发育着各种类型的岩溶地貌，其中有著名的云南石林、丘北普者黑、罗平多依河、宜良九乡溶洞、建水燕子洞、泸西阿庐古洞、弥勒白龙洞等风景旅游区。

西部为横断山脉纵谷区，高山与峡谷相间，地势雄奇险峻，其中以三江并流最为壮观。一般来说，云南西北部平均海拔在 3000～4000 米；西南部平均海拔在 1500～2200 米；靠边境地区地势逐渐和缓，平均海拔只在 800～1000 米，个别地区下降至 500 米以下，是云南热带和亚热带地区之所在。

云南也是一个很大的地质博物馆。禄丰县的早期侏罗纪地层中曾出土大量蜥脚类恐龙化石，留存较为完整，现已在县城建成恐龙博物馆供游人参观。另外，澄江县的帽天山更是地质界中的"明星"，因为这里出土了数量多、种类丰富、留存完好的寒武纪多细胞生物的化石，有力地证明了"寒武纪生物大爆炸"的存在。昆明市东川区也是全国闻名的"泥石流博物馆"，早期这里因为大规模不科学地开采铜矿，再加上气候、地形等原因影响，形成了较大规模的泥石流频发地段，泥石流现象比较典型。

自然资源

云南省素有"动物王国"、"植物王国"和"有色金属王国"的美誉。在全国 162 种自然矿产中云南就有 148 种，其中铜矿、锡矿等有色金属矿产产量居全国前列。

1. 水资源

人均水资源超过 10000 立方米，是全国平均水平的 4 倍。由于地形的缘故，云南省的河流落差都很大，蕴藏着巨大的水能资源。云南省参与的"西电东送"工程大部分的电能都来自环保的水能发电。云南省降雨充沛，河流众多，年径流量达到 200 立方千米。云南水资源量虽然很大，但在时间上分布严重不均，5~10 月的雨季，水资源充足，旱季则显得比较匮乏，尤其是雨季开始前的 2~4 月是云南水最少的时候，春旱或者初夏干旱是云南最频发的自然灾害之一。

云南省的九大高原湖泊及其湖区经济在云南省经济发展中占有举足轻重的地位，湖泊流域涉及昆明、大理、玉溪、丽江、红河 5 个地（州、市）的 17 个县（市、区）。

（1）滇池。滇池位于昆明市区南部，被誉为"高原明珠"，是中国西南地区最大的湖泊，也是中国第六大淡水湖。湖泊面积 311.388 平方千米，流域面积 2920 平方千米，平均水深 5.12 米，最深处为 11.3 米，蓄水量为 15.931 亿立方米。滇池流域包括昆明市

五华区、盘龙区两城区和官渡区、西山区、晋宁县、呈贡县、嵩明县五个郊县区的 41 个乡镇。

（2）抚仙湖。抚仙湖是我国第二深水湖泊，是云南省蓄水量最大的湖泊，位于玉溪市澄江县、江川县、华宁县三县交界处。湖面海拔 1722.5 米，面积 216.6 平方千米，流域面积 674.69 平方千米，最大水深 158.9 米，平均水深 92.5 米，蓄水量 189.3 亿立方米，其中大的河道有 27 条，湖水经海口河流入南盘江。抚仙湖流域包括玉溪市的澄江县、江川县、华宁县三县的 7 个乡镇。

（3）异龙湖。异龙湖位于石屏县东南部，湖泊面积 92 平方千米，流域面积 360.4 平方千米，平均水深约 5 米，最大水深 6.55 米，蓄水量 1.145 亿立方米。异龙湖流域主要包括石屏县的 5 个乡镇。

（4）洱海。洱海是云南省第二大高原湖泊，位于大理市区北部，湖泊面积 252.91 平方千米，流域面积 2565 平方千米，平均水深 10.8 米，最深处为 21.5 米，湖面海拔 1966 米，蓄水量 28.8 亿立方米，平均水资源量 8.25 亿立方米，湖岸线长约 200 千米。洱海流域

LINREN XINCHISHENWANG DE CAIYUNZHINAN

主要包括大理市及洱源县的 18 个乡镇。

（5）程海。程海是一个内陆封闭型高原深水湖泊，没有出流，位于永胜县西南部，流域面积 318.3 平方千米，湖泊面积 77.2 平方千米，平均水深 25.9 米，最大水深 36.7 米，蓄水量 19.87 亿立方米，湖岸线长 45.1 千米。地处金沙江干热地带，湖面蒸发量大约是流域降水量的 3 倍，水量长期入不敷出，导致湖泊水位持续下降，直至 20 世纪 90 年代中期"引水补海"工程完工后，湖泊水位才趋于稳定。

（6）阳宗海。阳宗海位于呈贡县东部、澄江县北部。湖泊面积 31.9 平方千米，平均水深 22 米，最大水深 29.7 米，流域面积 192 平方千米，容积 6.16 亿立方米，蓄水量 6.04 亿立方米，海拔 1770 米，多年平均水资源量 3500 万立方米，湖岸线长约 34 千米。湖泊分属昆明市的宜良县、呈贡县和玉溪市的澄江县。

（7）泸沽湖。泸沽湖位于云南省西北部和四川省西南部的两省交界处，是我国第三大深水湖泊。湖泊面积 50.8 平方千米，其中云南部分 30.3 平方千米。流域面积 247.6 平方千米，云南部分 107 平方千米，最大水深 93.5 米，平均水深 40.3 米，蓄水量 22.52 亿立方米，海拔 2688 米，是云南九个高原湖泊中海拔最高的。泸沽湖云南部分属丽江地区宁蒗县永宁乡落水行政村，主要居住着摩梭族、彝族和普米族等少数民族。

（8）星云湖。星云湖位于江川县城北部，又称江川海。是抚仙湖的上游湖泊，通过 2.2 千米的隔河与抚仙湖相连。湖泊面积 34.71 平方千米，流域面积 386 平方千米，平均水深 6.91 米，最大水深 9.5 米，蓄水量 1.84 亿立方米，湖面海拔 1774 米。大小入湖河流 14 条，多年平均水资源量 7684 万立方米，湖岸线长 36.3 千米，多年平均流入抚仙湖水量约 2400 万立方米/年。星云湖流域包括江川县的 10 个乡镇。

（9）杞麓湖。杞麓湖是云南省九个高原湖泊中最小的一个，位于玉溪市通海县，是一个封闭型高原湖泊。湖泊面积 34.084 平方千米，流域面积 354.2 平方千米，最大水深 6.8 米，平均水深 4 米，蓄水量 1.7 亿立方米。主要入湖河流 3 条，洪水年湖水经湖东南面的岳家营落水洞岩溶裂隙泄洪至曲江，流域多年平均水资源量 1.17

LINREN XINCHISHENWANG DE CAIYUNZHINAN

亿立方米。

2. 动植物王国

云南几乎集中了从热带、亚热带至温带甚至寒带的植物品种。在全国约 3 万种高等动植物中，云南已经发现了 274 科，2076 属，1.7 万种。主要特色物种有：滇金丝猴、绿孔雀、小熊猫、蟒、亚洲象、抗浪鱼、望天树、跳舞草、丽江云杉、橡胶树、油棕、三七、马尾松、云南松等。

云南独特的气候和地理环境，形成了寒带、温带和热带动物交汇的奇特现象。有脊椎动物 1737 种，其中兽类 300 种，鸟类 793 种，爬行类 143 种，两栖类 102 种，淡水鱼类 366 种，昆虫 1 万多种。鱼类中有 5 科 40 属 250 种为云南特有。鸟兽类中有 46 种为国家一级保护动物，154 种为国家二级保护动物。

3. 矿产资源

云南被称为"有色金属王国"。已发现各类矿产 150 多种，探明储量的矿产 92 种，其中 25 种矿产储量位居全国前三名，54 种矿产储量居前十位，居全国首位的矿种有锌、石墨、锡、镉、铟、铊和青石棉。云南矿产资源共有 9 大类：黑色金属矿产、能源矿产、有色金属及贵金属矿产、化工非金属矿产、稀有及稀土矿产、特种非金属矿产、冶金辅助原料矿产、建材非金属矿产及彩石矿产等。云南矿产具有种类多、品种全、分布相对集中、富矿优质矿储量所占比重较大、共生伴生组分多等特点。

风景名胜

1. 世界遗产

丽江古城（联合国教科文组织世界文化遗产，1997 年）

三江并流（联合国教科文组织世界自然遗产，2003 年）

石林（联合国教科文组织世界自然遗产，2008 年）

2. 国家级风景名胜

石林、滇池、九乡、大理、玉龙雪山、三江并流、丘北普者黑、腾冲地热火山、瑞丽江—大盈江、建水、西双版纳、泸西阿庐古洞。

3. 主要景区

泸沽湖、苍山洱海、香格里拉、丽江古城、三江并流、石林、滇池、玉龙雪山、西双版纳、大理三塔、蝴蝶泉、泸沽湖、怒江大峡谷、抚仙湖。

历史沿革

公元前 279 年，楚国大将庄蹻进入滇池地区，建立滇国。

公元前 221 年，秦始皇统一六国，在云南东北部设立郡县（今

LINREN XINCHISHENWANG DE CAIYUNZHINAN

曲靖），并开五尺道联系内地。

公元前 109 年，汉武帝派将军郭昌入滇征服西南夷，设立益州郡和 24 个县，郡治滇池县（今曲靖），开辟通往缅甸和印度的商道。

三国时期，蜀国丞相诸葛亮率大军降服"南中"，大姓孟获。

320 年，爨氏入滇，爨琛在昆川（今曲靖）称王，爨氏统治维持 400 年。

唐朝时，洱海地区的蒙舍诏部落首领皮罗阁兼并其他五诏，建立南诏国，被唐朝封为云南王。次年建都太和城（今大理市）。

902 年，南诏国权臣郑买嗣夺位自立，改国号大长和。

929 年，赵善政灭大长和国，建立大天兴，次年东川节度使杨干贞灭大天兴国，改国号大义宁。

937 年，白族段思平灭大义宁，建立大理国，都城大理。疆域包括现在的云南省，贵州省，四川省西南部，缅甸北部地区，以及老挝与越南的少数地区。

1253 年，忽必烈派蒙古军队征服大理国，1276 年正式建立云南行省。色目人赛典赤任平章政事，省会中庆路（昆明）。在云南开发重要的铜矿和银矿，产量占全国一半以上。大批色目人及少量蒙古人移居云南，成为今天的回族和蒙古族。

1381 年，明朝洪武皇帝派大将傅友德、沐英率军队攻占云南，灭元朝梁王，汉族移民开始大批进入云南。

明朝末年，南明永历皇帝逃亡到云南。

1662 年吴三桂从缅甸抓回永历皇帝，在昆明绞死。吴三桂驻守云南。

1856～1873 年，云南回民以大理为中心建立了杜文秀政权。

晚清时期，英国征服缅甸，法国征服越南，两国势力对云南产生一定影响。边境地区开放了腾冲、蒙自、思茅等通商口岸。

1909 年，清朝实行新政，云南编立新军，成立陆军讲武堂。

民国时期，滇军在云南形成割据局面，先后有唐继尧、龙云等统治云南。

1942 年，10 余万中国远征军从云南进入缅甸配合英军与日军作战，日军击败英军，沿滇缅公路进至惠通桥，隔怒江与中国军队对峙 2 年。

1938～1946 年，清华大学、北京大学、南开大学在昆明联合办学，称为国立西南联合大学。

1960 年，三线建设（将工厂搬到京广铁路以西、长城以南、韶关以北内陆地区）时期，修通了联系云南与内地的铁路，1966 年贵昆铁路通车，1970 年成昆铁路通车，1997 年南昆铁路通车。

云南特产

1. 十八怪

由于独特的地理风貌，特殊的气候状况，多彩的民族风情，奇特的风俗习惯，云南产生了许多不同于其他地方的奇异现象。随着远来的游人、在这片神奇的土地上留下短暂的足迹并离开之后，他们所耳闻目睹的那些奇闻异趣也逐渐流传开来，并每每被冠以"怪"字，也因此流传下"云南十八怪"、"云南二十八怪"、"云南八十一怪"等说法。

云南第一怪，鸡蛋用草串着卖。

由于云南道路难行，商品运输是一个大问题，而云南又产水稻，稻草随处可见，所以用稻草把鸡蛋扎起来卖，既方便卖，鸡蛋也不容易颠坏。

云南第二怪，大理粑粑叫饵块。

古代中原地区把稻米制作的糕点叫做"饵"。云南产大米，为方便携带，当地人多将大米舂成团，称为"饵块"。

云南第三怪，三只蚊子炒盘菜。

云南的许多地区，天气较为炎热，终年蚊蝇不绝，特别是野地与牲畜圈里的蚊子个头都比较大，所以夸张说三个蚊子一盘菜。

LINREN XINCHISHENWANG DE CAIYUNZHINAN

云南第四怪，小和尚可以谈恋爱。

云南与几个信奉佛教的国家接壤，而佛教国家的男子上寺庙当和尚就像我国的孩子上学读书或服兵役一样，岁数到了还可以还俗结婚生子，受其影响，云南的和尚也可以谈恋爱。

云南第五怪，摘下草帽当锅盖。

云南竹林较多，因此许多用具都以竹子为原料，而锅盖就形似于斗笠，只是顶略小一点，便于抓拿，而且用此做锅盖，透气保温，做出来的饭更加清香。

云南第六怪，四季衣服同穿戴。

云南地区气候多变，夏天不热冬天不寒，白天和晚上的温差较大，可以说是冷热瞬变，在街上四季服饰随处可见，长的、短的、厚的、薄的，颜色艳丽、绚丽多彩。

云南第七怪，种田能手是老太。

云南地区主要是女主外男主内，所以，在田里干活的大都是女性。

云南第八怪，竹筒能做水烟袋。

云南当地人抽烟所用的烟袋很像以前农家做饭生火用的吹火筒，只不过吹火筒是往外吹，而云南的烟袋是往里吸，烟气经过水过滤，可以减低焦油的浓度，味道更加清凉香醇。

云南第九怪，四个竹鼠一麻袋。

云南山区竹林很多，有繁茂的竹笋。食竹笋的鼠多肥硕，形状与家鼠有很大差异。云南人常用这样的竹鼠待客，吃过的人都说其赛过鸡鹅。

云南第十怪，蚂蚱能做下酒菜。

云南许多地区的人都有吃虫的爱好，变害虫为佳肴，化昆虫为美味，所以昆虫都因为油煎之后，焦脆鲜香，而成为美味的下酒菜。

云南十一怪，这边下雨那边晒。

这句话是用来形容云南特殊的地理位置与十里不同天的多变气

令人心驰神往的彩云之南

云南概况

候。相差十里便会有不同的天气景象，而同一座山的两面也可能出现一面是艳阳天，一面是雨倾盆的景象。

云南十二怪，老太爬山比猴快。

云南多高山深谷，当地的妇女们从小到老都勤劳无比，爬山越岭、种地砍柴都习以为常，因此练就了一身矫健的身板与脚劲，七八十岁的老人登山往往都如履平地。

云南十三怪，鞋子后面多一块。

云南妇女在绣花鞋后面，用布巧做鞋曳，上面用绣花精心点缀，既美观又有挡灰挡泥的实用价值。

云南十四怪，火车没有汽车快。

由于有许多的高山峡谷，所以云南境内的铁路坡度很大、弯道较多，使得火车的速度很慢，形成了火车没有汽车快的独特景观。

云南十五怪，娃娃出门男人带。

云南的妇女们历来勤劳，所以很多外面的活都由她们来干，而男子们相对来说比较清闲，大多都待在家里带孩子。

云南十六怪，山洞能跟仙境赛。

云南地处熔岩地形，产生了许多溶洞与地下河流，许多溶洞里都有千姿百态的景观，尤其经由灯光照射后就如同到了仙境一般，美丽无比。

云南十七怪，过桥米线人人爱。

过桥米线是云南特有的小吃，米线爽滑，汤汁鲜甜，是云南人民十分喜爱的一道小吃。

云南十八怪，脚趾四季露在外。

云南多山，而且多高温天气，爬山跑路多了会有较多的脚汗，于是云南人民把鞋子做成浅底浅帮鞋，露出脚趾，这样能使脚感到更加凉爽。

2. 过桥米线

米线是云南的地方小吃，这里的过桥米线是米线中的上品，以

LINREN XINCHISHENWANG DE CAIYUNZHINAN

用料考究、制作精良、吃法独特、风味独具而闻名中外。

过桥米线已有100多年的历史，它源于滇南蒙自县，1920年，昆明市建立了第一家过桥米线馆"仁和园"。传说曾有一秀才在蒙自南湖的湖心小岛念书，秀才的妻子每日都要通过石砌的小桥给夫送饭。一日，妻子念丈夫读书辛苦，炖了一只又肥又壮的母鸡装入罐中，正

准备把饭送给丈夫，却临时有要事未能按时送去。当妻子办完事后，发现汤罐还是热乎乎的，原来是厚厚的一层鸡油覆盖汤面，起到了隔热作用。于是妻子仍提着汤罐穿小道，走石桥，把饭送到丈夫身边。妻子将米线浸泡在热鸡汤里，随即加入蔬菜，丈夫吃了这样的米线十分满意。此事被传为美谈，人们为了赞誉这位贤能的妻子，便将这种食品取名"过桥米线"。

现在的过桥米线由汤、米线和作料三部分组成。吃时用大瓷碗一只，先放熟鸡油、味精、胡椒面，然后将鸡、排骨、猪筒子骨等熬出的汤舀入碗内端上桌备用。此时滚汤被厚厚的一层油盖住不冒气，但食客千万不可先喝汤，以免烫伤。随即把鱼片、肉片、鸡肉片、猪肝片、腰花、鱿鱼、海参、肚片等生的肉食依次放入，并用筷子轻轻拨动，好让生肉烫熟。然后放入香肠、叉烧等熟肉，再加入豌豆、嫩韭菜、菠菜、豆腐皮、米线，最后加入酱油、辣子油。佐料放齐的过桥米线吃起来味道特别浓郁鲜美，营养非常丰富，常常令中外食客赞不绝口。过桥米线集中体现了滇菜丰盛的原料、精湛的技术和特殊的吃法，在国内外享有盛名。

3. 汽锅鸡

汽锅鸡是云南独有的高级风味菜，它以烹制特殊、鸡肉鲜嫩、汤汁鲜美、原汁原味、富有营养而广为流传，在国内外都享有盛誉。

早在清代乾隆年间，汽锅鸡就流行在滇南一带。相传是监安府（今建水县）福德居厨师杨沥发明的吃法。那年皇帝巡视监安，知府为取悦天子，发出布告征求佳肴，选中的赏银 50 两。杨沥家贫，老母病重，为得重赏，他综合了当地吃火锅和蒸馒头的方法，创造了汽锅，又不顾生命危险，爬上燕子洞顶采来燕窝，想做一道燕窝汽锅鸡应征。不料后来汽锅被盗，杨沥被问欺君之罪，要杀头，幸而皇帝问明真相，免杨沥一死，并把福德居改名为"杨沥汽锅鸡"，从此汽锅鸡名声大振，成为滇中名菜。

新中国成立初，时任国防委员会副主席的龙云用滇味佳肴"建水汽锅鸡"宴请中央领导，受到毛主席夸奖。1972 年尼克松访华，周总理安排的国宴中就亲点了滇味名肴"汽锅鸡"。当揭开盖子时，热气扑面，香溢四座。据说尼克松品尝之后，赞不绝口，对其美味佩服得五体投地，赞道："味道太鲜美了，真想连整个汽锅一起吃进去！"国内外媒体竞相报道，为我中华增光添彩，传为一段佳话。

4. 宣威火腿

云南省著名特产之一，素以风味独特而与浙江金华火腿、江西安抚火腿齐名，蜚声中外。宣威火腿，因产于宣威县而得名。它的主要特点是：形似琵琶、只大骨小、皮薄肉厚、肥瘦适中，切开后断面香气浓郁、色泽鲜艳、瘦肉呈鲜红色或玫瑰色、肥肉呈乳白色、骨头略显桃红，似血气尚在滋润。宣威火腿的品质优良，足以代表云

南火腿，故又常称"云腿"。

1915 年，宣威火腿参加巴拿马国际博览会获金质奖。1923 年在广州名特食品比赛会上，孙中山先生题词"饮和食德"，以示赞誉。宣威火腿从此名声大振，远销东南亚和港澳地区，现在还出口到日本和一些欧美国家。

5. 云南山茶

云南是世界上山茶属植物最重要的原产地。全球山茶属植物有 80 多种，云南就有 35 种。云南山茶为常绿大花乔木，是云南特有品种，树高 10 余米，枝干劲建，树叶光亮，花大而艳丽，有极高的观赏价值。

云南山茶的主要品种有：云南山茶珍品"恨天高"、初花如孩童脸的"童子面"、花色深如黑的"紫袍茶"、花大胜牡丹的"牡丹茶"、花可供药的"宝珠茶"、花枝如蝴蝶的"麻叶蝶翅"、花期最早的"早桃红"等。

6. 云南普洱

普洱茶是云南特有的地方名茶，是以云南原产地的大叶种晒青茶及其再加工而成，不但有保健减肥作用，还有药理作用，据《本草纲目拾遗》记载："普洱茶性温味香，味苦性刻，解油腻牛羊毒，虚人禁用。苦涩逐痰，刮肠通泄。普洱茶膏黑如漆，醒酒第一，绿色者更佳，消食化痰，清胃生津，功力尤大也"。

在云南，普洱茶是用优良品种云南大叶种的鲜叶制成，也叫做普洱散茶。其外形条索粗壮肥大，色泽乌润或褐红，俗称像猪肝色。滋味醇厚回甘，具有独特的陈香味儿，有"美容茶"、"减肥茶"之声誉。

云南之最

1. 世界之最

世界上最古老的婚姻习俗——摩梭人的阿注婚

世界最著名的喀斯特景观——石林

世界最轻的树——轻木

世界最毒的树——见血封喉树

世界上最长寿的植物——龙血树

世界最大的杜鹃花树——杜鹃花树王

世界上最早的动物化石——澄江软体动物化石群

世界最古老的铜鼓——万家坝铜鼓

世界最高的桥——云南红河大桥

世界上最古老的脊索动物——云南虫

世界最晚发现的鹤类——黑颈鹤

世界最大最重的古币——嘉靖通宝

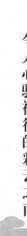

2. 中国之最

中国最早的人类牙齿化石——元谋人之齿

中国创建最早的青铜器博物馆——江川青铜器博物馆

中国最大的玉佛——保山玉卧佛

中国最大的瀑布群——九龙河瀑布群

中国最惊险、最深的峡谷——虎跳峡

中国热泉最集中的地方——腾冲热海

中国最早创建的热带植物园——云南热带植物研究所

中国最早的大象表演队——云南民族村大象表演队

中国最大的铜铸殿——金殿

中国最高的偶数古塔——大理千寻塔

中国对联最多的公园——秀山公园

中国最古老的猿化石——禄丰腊玛古猿化石

中国最早发现的脊椎动物化石——头甲鱼化石

中国最大的铁柱——南诏铁柱

中国最早的铜棺——石头山铜棺

城市 地区

昆明

地理位置

　　昆明位于东经 102°10′～103°40′，北纬 24°23′～26°22′，市中心位于北纬 25°02′11″，东经 102°42′31″。在中国的西南部，云贵高原中部，东西最大横距 140 千米，南北最大纵距 220 千米，城区距首都北京 2100 千米（航空线），市中心海拔 1.891 米，三面环山。

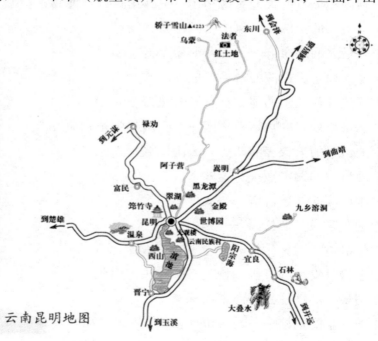

云南昆明地图

LINREN XINCHISHENWANG DE CAIYUNZHINAN

基本情况

【别名】春城

因四季如春，气候宜人，被人们誉为春天永驻的城市。

【面积】21473 平方千米

【人口】约 625 万

【市花】茶花

【市树】玉兰树

【地位】中国面向东南亚、南亚开放的门户枢纽，国家级历史文化名城，我国重要的旅游、商贸城市，西部地区重要的中心城市之一。云南省省会，云南省政治、经济、文化、科技、交通中心，云南省唯一的特大城市。

【电话区号】0871

【邮政编码】650000

【下辖地区】盘龙区｜五华区｜官渡区｜西山区｜东川区｜安宁区｜呈贡区｜晋宁县｜富民县｜宜良县｜嵩明县｜石林彝族自治县｜禄劝彝族苗族自治县｜寻甸回族彝族自治县

气候特征

昆明四季如春，冬无严寒，夏无酷暑，属温带高原型湿润季风气候。

月份	一	二	三	四	五	六	七	八	九	十	十一	十二
平均气温℃	8.1	9.9	13.2	16.6	19.0	19.9	19.8	19.4	17.8	15.4	11.6	8.2
平均最高气温℃	15.3	17.2	20.7	23.8	24.4	24.1	23.9	24.1	22.7	20.4	17.4	15.1
平均最低气温℃	2.2	3.6	6.4	10.0	14.3	16.6	16.9	16.2	14.6	11.8	7.3	3.1
降水量 mm	15.8	15.8	19.6	23.5	97.4	180.9	202.2	204.4	119.2	79.1	42.4	11.3

昆明夏季平均气温23℃，冬季平均气温9℃，年平均气温15℃，全年温差较小。最热时月平均气温 19.7℃，最冷时月平均气温7.5℃。年平均降水量1000 毫米左右，其中85％的雨量集中在5～10月。由于温度、湿度适宜，日照长、霜期短，能见度良好，所以昆明的鲜花常年不谢，草木四季常青，昆明也就有了"春城"的美誉。

历史沿革

青铜器时代滇池地区各氏族部落，以叟族为主，属氐羌族语系。氐羌，是中国古代分布在陕西、甘肃、青海、四川和云南北部一带的古老游牧民族，其中一部分从越西（今四川越西）渡金沙江而进入滇池地区，与当地傣僮语系氏族"蒲"、"僚"等部落相融合，共同促进了滇池地区的开发和发展。

公元前三世纪（公元前298～前277年），楚国大将庄𫏋率众入滇，抵滇池地区，与当地的叟族部落联盟，建立了以叟族为主的"滇国"，自称"滇王"，其故城在今晋宁县晋城镇。"庄开滇"带来了楚国和中原内地先进的文化、技术，对促进当时以滇部落为主的滇池地区的政治、经济发展有一定的积极作用。

西汉王朝建立后，帝王积极谋求对"西南夷"地区的开发。西汉元封二年（公元前109年），汉武帝征发巴蜀地区士卒，滇王被迫归降。汉王朝以滇池地区为中心设置了益州郡，郡治与滇王驻地同在今晋城附近。郡下设县：昆明为谷昌县，昆阳为建伶县，晋宁为滇池县，安宁为连然县，富民为秦臧县，宜良为昆泽县。这种把中央集权的郡县制度推行到了西南边疆，标志着古代云南接受中央王朝直接统治的开始。郡县制度的施行，有力地促进了滇池地区奴隶制社会的解体。汉族移民和中原内地先进技术、文化的传播，使滇池地区的经济发展达到了一个新的水平。蜀汉诸葛亮平定南中后，改益州郡为建宁郡，"郡治仍益州郡之旧"，任用"大姓"为地方官吏，实行促进民族团结的政策。

LINREN XINCHISHENWANG DE CAIYUNZHINAN

晋武帝泰始七年（公元271年），晋王朝把南中四郡（建宁、云南、永昌、兴古）从益州（成都）分划出来，设立宁州，与益州同列，为全国十九州之一。东晋以后，"方土大姓"爨氏势力逐渐强盛，成为滇中地区的统治者。

成帝咸和十四年（公元339年），晋王朝封爨琛为宁州刺史，并承认其世袭地位。历经南北朝隋初的二百多年间，在中原政治动乱、民族纷争的形势下，爨氏对昆川一隅的统治，保持了"力役齐平，教化清静"的较为安定的社会局面，使滇池地区的社会经济有了新的发展。到梁末隋初爨瓒、爨震时代，滇池地区已是多骏马、犀象、明珠的"户口殷众，金宝富饶"之地，成为当时西南地区在经济上较为繁荣和富庶的地区。

公元617年唐王朝建立，先后在云南设置了九十二州，滇池地区为九十二州的主要部分。唐高祖武德元年（公元618年），唐朝任命爨氏子孙爨弘达为昆州刺史，治理属县，治所仍设在益宁城。唐代中叶，蒙氏势力在洱海地区崛起，建立南诏国。公元746～747年，蒙氏皮罗阁进兵安宁，攻灭爨氏，于昆川（今昆明城区一带）置拓东城，成为南诏国的东部重镇。拓东城的开辟，为古代昆明的城市发展奠定了基础，并发展成为南诏的第二政治、经济、军事和文化中心，往来广西、贵州和安南（今越南）的重要通道，在当时大西南的社会经济发展和与东南亚的国际交往中占有重要的地位。

公元937年，大理段氏夺取南诏政权，建立大理国，统一了云南，在拓东城的基础上设鄯阐府，为大理国八府之一，府治沿袭拓东城。段氏政权在其内部经历了较剧烈的社会变革，释放奴隶，免除徭役，进一步瓦解南诏的贵族统治，解放了社会生产力。鄯阐府的城市规模进一步扩大，繁华的市中心逐渐移至盘龙江以西（今金碧路、三市街）一带，大理国国主也经常驻守于此。段氏统治者在鄯阐营造宫室园林，兴修水利，到大理国末期，鄯阐城已发展成为滇中一座"商工颇众"的繁华城市。

LINREN XINCHISHENWANG DE CAIYUNZHINAN

元宪宗三年（公元1253年），元军攻占云南。元世祖至元十三年（公元1276年），赛典赤主滇后，把军事统治时期所设的万户、千户、百户改为路、府、州、县，正式建立云南行中书省。置昆明县，为中庆路治地（昆明命名即始于此），并把行政中心由大理迁到昆明。自此，昆明也正式作为全省政治、经济、文化的中心。

元朝统治时期，经过初期的军事掠夺和民族镇压之后，逐渐代之以定赋税和改善民族关系的政策，并大兴民屯，整修水利，订立租赋，免除徭役，"开云南驿路"，"驰道路之禁，通民往来"。元朝官吏在昆明地区挖海口河，疏通螳螂川，降低了滇池水位，不仅解除了昆明城市的水患，还"得壤地万余顷，皆为良田"，扩大了农田面积，并修金汁河、松花坝，引盘龙江水灌溉滇池东岸农田，还从内地引进养蚕技术，发展丝织业，使农民和手工业者"收利十倍于旧"，使滇池地区的政治经济在元朝中期有了新的发展。洪武十四年（公元1381年）明朝进军云南后，改元代"路"一级行政区划为府，仿内地建制，设置云南承宣布政使司和都指挥使司。

到了清朝后期，特别是光绪十一年（1885年）中法战争以后，法、英等帝国主义势力迅速侵入云南。光绪三十年（1905年），清朝把昆明辟为商埠。宣统二年（1910年），滇越铁路修通昆明，进一步加强了昆明作为全省商业、贸易中心的经济地位和交通枢纽地位。光绪十年（1884年）创立的云南机器局，成为昆明近代工业的开端，之后，造币厂、制革厂、官印局、电报局、邮政局等官办企业也应时而生。光绪廿六年（1900年），昆明开始出现商办企业。光绪三十四年（1908年），滇池出现小火轮，市内也开办有"人力车公司"，到宣统三年（1911年），全市已有火柴、面粉、玻璃、香烟、五金、制茶、皮货加工、西药加工、火腿罐头等十多种行业，最多的为火柴业，已有四家厂商。此外，还有43处煤、铅、铜、铁、碗花（钴）等矿产的小规模开采。1937年抗日军兴，外地的工厂、学校内迁，大量的资金、设备和人才流入昆明，促进了昆明经济的短暂繁荣。国民党中央和云南地方的官僚资本纷纷在昆明设置和开办工厂企业，如中央机器厂、炼铜厂、电工厂、发电厂、53兵工厂、电力制钢厂、纺纱厂、烟厂等相继建立。

1949年12月9日，云南和平解放。

交通运输

昆明是中国西部最重要的交通枢纽之一，是中国面向东南亚的国家一级口岸城市，是中国面向西南开放的门户城市。

1. 公路

昆明作为云南的公路运输中心，市内交通发达，机动车数量已突破100万。

昆明道路总长10000余千米，有108、213、320、324、326等多条国道经过，从昆明起始、经过的高速公路有：

G5 京昆高速，由北京经太原、西安、成都至昆明；G56 杭瑞高速，由杭州经九江、常德、遵义、昆明至缅甸、印度；G60 沪昆高速，由上海经杭州、南昌、株洲、贵阳至昆明；G80 广昆高速，由广州经南宁至昆明；G78 汕昆高速，由汕头经韶关、柳州、兴义至昆明；G85 渝昆高速，由重庆至昆明；G8011 昆河高速，由昆明经河口至越南首都河内；G8511 昆曼高速，由昆明经老挝至泰国首都曼谷。

2. 铁路

昆明作为多条铁路动脉的重点站，是 12 条铁路干支线组成的铁路枢纽站，主要线路有：

成昆铁路，连接四川省会成都和云南省会昆明，自成都经彭山、眉山、夹江、峨眉、峨边、甘洛、喜德、冕宁、西昌、德昌、米易、攀枝花、元谋、禄丰、安宁抵达昆明，全长 1083.3 千米。

贵昆铁路，东起贵州省贵阳市，西经安顺、六枝、水城、树舍、宣威、沾益、曲靖等市县到达云南昆明市，全长 639 千米。它东与湘黔、黔桂、川黔铁路相接，西与成昆、昆河（又名滇越）铁路相连，是云南、贵州、四川三省与祖国各地紧密联系的纽带。

南昆铁路，东起南宁，西至昆明，北接红果，全长 898 千米，为国家 I 级干线电气化铁路。南昆铁路是在艰险山区修建的一条长大干线，铁路从北部湾海滨爬上云贵高原，相对高差达 2010 米，其中因江河跨越，还有 8 次大的起伏。全线修建桥梁 447 座，隧道 258 座，工程艰巨复杂，其中一些工程项目创造出中国铁路建设的多项记录。

内昆铁路，自四川省内江至云南省昆明，全长 872 千米，是国家"九五"重点建设项目。内昆铁路，原计划修至云南省昆明市，全长 828 千米，后因故只修到安边镇，但线名未改，仍称内昆线。线路自成渝线上的内江站向西南引出，经自贡市、宜宾市抵达宜宾县安边镇。线路所经之地为四川盆地丘陵区，雨水充沛、物产丰富、

LINREN XINCHISHENWANG DE CAIYUNZHINAN

民风淳朴、气候宜人，是旅游的好去处。

昆河铁路自云南省昆明至中越边境的河口瑶族自治县，全长468千米，共有车站62个，是中国连接越南的铁路干线，现仍为米轨轨距，即窄轨铁路。昆河铁路，史称滇越铁路滇段，于1903年10月开工修建，1910年1月正式通车。

3. 航空

昆明现在使用的巫家坝国际机场年吞吐量1894万人次，位列全国第7、西部第2、世界第86。机场有飞往大阪、仰光、首尔、曼谷、新加坡、加尔各答、达卡、迪拜等20余条国际航线，通往香港、澳门和台北的三条地区航线，通往国内各大中城市的约140条航线及省内的10条航线。

2007年2月昆明新机场即昆明小哨国际机场开工，小哨国际机场属国家重点工程，机场投资230亿元，是国家"十一五"唯一开建的大型机场，是中国第四个国家门户机场。

小哨国际机场位于昆明市区以东20千米的官渡区大板桥镇，新机场停机位108个，跑道2条（2020年前后扩建为4条），航站楼面积58.7万平方米，仅次于北京首都国际机场，将于2011年底完工。

新机场使用后预计 2012 年旅客吞吐量 2600 万人次，货邮吞吐量 130 万吨；2020 年达到 3800 万人次，机场国际航线主要面向南亚及东南亚地区，等级为 4E。

文化教育

1. 云南大学

云南大学位于云南省昆明市翠湖北路 2 号，是中国西部建立最早的综合性大学之一，前身为私立东陆大学，始建于 1922 年 12 月。1923 年 4 月开始招生，1930 年学校改组为省立东陆大学，1934 年又改为省立云南大学。1938 年，云南大学由省立改为国立。1946 年，英国《简明大不列颠百科全书》把云南大学列为中国十五所世界著名大学

之一。1958 年，云南大学由教育部下放云南省政府管理。1996 年，云南大学成为"九五"期间国家"211 工程"重点建设的高校之一。2001 年 6 月，云南大学"211 工程"、"九五"建设顺利通过验收。

云南大学有着辉煌的历史。1937～1947 年，著名数学家熊庆来教授受聘担任云南大学校长，按照"清华模式"建设云大，费孝通、楚图南、陈省身、华罗庚、严济慈、冯友兰、吕叔湘等大批著名学者应邀来校执教，使学校逐步发展成为国内外较有影响的综合性大学。

云南大学已成为一所以民族学、生态学为特色，文、史、哲、经、管、工、理、法、教育等学科内容较为齐全，人才密集的全国重点综合性大学。学校现有教职工 2797 人，专任教师 1517 人，全日制本科生 12869 人（不含两个独立学院学生 17873 人），研究生近 10000 人，各类成人教育学生近 20000 人。

2. 昆明理工大学

昆明理工大学系原 1925 年创建的东陆大学矿冶系，于 1954 年从原云南大学分离出来，更名为昆明工学院。现已发展为一所以工为主，理工结合，经济、管理、文学（艺术）、教育等多学科协调发展的多科性研究型大学，是云南省规模最大、办学层次和类别较为齐全的省属重点大学。

学校现设有 23 个学院和 2 个教学部，有 79 个本科专业，在全国设有 52 个函授站，76 个夜函大本专科专业。全日制在校本科学生 22000 余人，博士、硕士研究生 7000 余人。中国人民解放军成都军区在其校设立"后备军官选拔培训办公室"，拥有全国唯一"少数民族国防生班"，现有 504 名国防生在读。

名胜景点

昆明是自然景观和人文景观的荟萃之地，悠久的历史、众多的民族、独特的自然条件，给昆明留下了极其丰富的文物古迹和风景名胜。

昆明境内景区景点有很多是唐、宋、元、明、清时期留下的建筑，风格上除具有各个时期的时代特点以外，还融合了少数民族的建筑风格。昆明现在有重点风景名胜古迹 100 多处，风景旅游区 30 多处，加上正在建设的新景点，形成了以石林、滇池风景区为重点，沿安宁—石林的旅游景区一线，带动昆明全市，辐射全省的集旅游、观光、度假、娱乐为一体的旅游体系。

1. 世博园景区

昆明世界园艺博览会（简称世博会）的会址在距昆明市市区中心 8 千米的金殿风景名胜区。

园区西起云山村，东至六合石碾村，南接呼马山，南低北高，占地 218 公顷，植被覆盖率达 76.7%，其中 120 公顷为灌木茂密的缓坡，水面占 10% ~15%。会址中茂密的植被，丰富的灌木丛及水面为世博会提供了良好的自然环境，充分体现了"人与自然"的主题。

世博园展区构成包括：5 大室内展馆，即中国馆、国际馆、人与自然馆、大温室馆、科技馆；6 个专题展园，即树木园、药草园、盆景园、竹园、茶园和蔬菜瓜果园；3 大室外展区，即国际展区、中国展区及企业展区。另外还有公共服务设施等。

昆明世界园艺博览会将以室内外庭院、植物花卉展坛和室内园艺品展示的形式活动。内容包括：

（1）各国悠久的园艺传统和丰富多彩的园艺品种；

（2）各国传统文化和现代文明相结合的庭院建筑；

（3）人类保护自然环境、维护生态平衡的成就；

（4）园艺与各民族文化发展密不可分的渊源以及园艺在人类社会生活中的重要功用；

（5）通过人类科技发展的成就，展示经济环境与自然环境的完美结合；

（6）经营本园风味餐馆，出售与世博会有关的纪念品；

（7）举行各种相关的经贸会谈，增进参展国之间的合作关系，为园林园艺产品和先进的园艺技术提供一个广阔的市场；

（8）举行各种学习交流会和专题展览，促进各国园林园艺及自然环境保护技术的交流和共同发展；

（9）世博会期间还将举行文艺演出联欢活动、庆典活动，并以世界先进的娱乐、旅游设施开展文化、旅游、观光活动及各种形式的娱乐活动。

昆明世界园艺博览会的成功举办还创下了占地面积、建设速度、展示植物种类、园林精品、连体温室、竹类植物种类、柏科植物移栽、断崖塑石等8项"世界吉尼斯之最"。

2. 石林

路南石林风景名胜区位于路南县境内，距昆明市100千米，景区由大小石林、乃古石林、大叠水、长湖、月湖、芝云洞、奇风洞7个风景片区组成。路南县共有石林面积400平方千米，是一个以岩溶地貌为主体的，在国内外知名度较高的风景名胜区，被人们誉为"天下第一奇观"。

路南石林是一座名副其实由岩石组成的"森林"，穿行其间，只见怪石林立、突兀峥嵘、姿态各异。由于石灰岩的作用，景区中的

石柱彼此分离，又经过常年的风雨侵蚀，无数的石峰、石柱、石笋、石芽形成了集奇石、瀑布、湖泊、溶洞、峰丛和丘陵于一身的石林。

路南石林的主要游览区为李子菅石林，面积约 12 平方千米，游览面积约 1200 亩。主要由石林湖、大石林、小石林和李子园 4 个部分组成，是石林景区内单景面积最大、最集中、最美的一处。进入李子菅石林景区内，可以看见石柱、石壁、石峰千姿百态，争奇竞丽，还有的石柱还高达 40 ~ 50 米，乍一看，就如一首打油诗所云："远看大石头，近看石头大。石头果然大，果然大石头"。

李子菅石林的石头与众不同，它是一幅绝妙的画，每天吸引着五湖四海的游人前来驻足观赏；它是有灵性和生命的：双马渡食、孔雀梳翅、凤凰灵仪、象距石台、犀牛望月、唐僧石、悟空石、八戒石、沙僧石、观音石、将军石、士兵俑、诗人行吟、母子偕游、阿诗玛等无数像生石，无不栩栩如生、惟妙惟肖，令人叹为观止。景区中还有一处"钟石"，能敲出许多不同的音调。整个李子菅石林就是一座巨大的自然石景艺术宝库，任凭游客去观察，去发现，去自由驰骋地想象。景区内峰回路转，曲径通幽，移步易景，使人如入迷宫仙境，游者莫不流连忘返，赞不绝口。

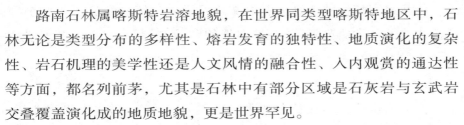

路南石林属喀斯特岩溶地貌，在世界同类型喀斯特地区中，石林无论是类型分布的多样性、熔岩发育的独特性、地质演化的复杂性、岩石机理的美学性还是人文风情的融合性、入内观赏的通达性等方面，都名列前茅，尤其是石林中有部分区域是石灰岩与玄武岩交叠覆盖演化成的地质地貌，更是世界罕见。

2007年6月27日，在新西兰基督城召开的第31届世界遗产大会中表决通过了"中国南方喀斯特"申遗项目，石林正式列入了世界遗产名录。

3. 云南民族村

云南民族村位于滇池之滨，占地27亩，它集奇山秀水、园林景观、古今珍藏于一园，把云南各民族的民俗、民居、服饰、节庆、宗教有机地融于一体，是云南民族历史文化艺术之精品的浓缩。云南民族村是国家AAAA级旅游景区、国家民委民族文化基地、CI-OFF中国委员会民间传统文化基地、国家民委全国首批民族工作联系点之一。

在民族村中，汇集了彝族、白族、傣族、苗族、景颇族、哈尼族等 25 个少数民族村寨，主要民族村寨的特色如下：

（1）傣族寨

傣族寨是进入民族村的第一个村寨，占地面积 11 公顷，三面环水。寨内绿树、鲜花掩映着一幢幢"干栏式"傣客竹楼，交错蜿蜒的红砂石小径通往庄严肃穆的缅寺。巍峨壮观的白塔，精巧玲珑的风雨桥、风雨亭、水井、钟

亭等建筑充满着傣乡的浓郁风情。

傣寨最富特色的还是独有的文化展示。一年一度的"泼水节"，活泼欢快的"象脚鼓舞"，婀娜多姿的"嘎光舞"，还有傣族婚礼表演、丢包、拴礼线、放高升等民俗活动丰富多彩，异常热闹。

（2）白族村

白族村位于云南民族村以西，占地 62.5 亩。村内以飞椽斗拱、雕梁画栋的传统白族民居为主，"三坊一照壁"、"四合五天井"、"扎染屋"、"花园茶社"、"戏台"、"本主庙"以及按实物比例缩小 4 倍建造的大理"崇圣寺三塔"，造型对仗工整、富丽堂皇，整座村寨院落鳞次栉比、宽敞整齐。

白族村中，一条经营精美工艺品的"大理街"贯通南北，民族扎染、草编工艺、珠宝玉器，木雕石刻等琳琅满目，还有堪称"石中之王"的大理石制作坊和精美绝伦的蝴蝶标本展览，淋漓尽致地反映和体现出白族典型的民族特点和丰富内涵。

白族文化历史悠久，白族民间的"霸王丰鞭"、"草帽舞"、"大

本曲"充满喜庆欢乐的气氛；民俗节庆活动有热闹欢快的"三月街"、"饶三灵"、"迎新媳"等；白族传统"三道茶"可谓是民族茶道文化中的一绝，其精美的配料做工，高雅的礼仪氛围，使人有"此茶只应天上有，人间难得饮几回"的感觉，品尝"三道茶"更富含着人生先苦后甜再回味的深刻哲理。花园茶社的"三道茶"正是一个既可品茶养神又能赏舞悦目的场所。

（3）纳西族村

纳西族村位于白族村以西，占地面积49.5亩。村寨入口处纳西族保护神"三朵神"坐骑塑像和两面以《创世纪》为题材的大型浮雕墙表现出鲜明的东巴文化气息。

纳西族历史文化悠久丰富，著名的东巴文化象形文字堪称象形文字的"活化石"，它是目前世界上少有的还在民间流传使用的活的象形文字。用这种象形文字写成的典籍《东巴经》，是一部古代纳西族的百科全书。清新优雅、委婉动听的纳西"洞经音乐"，融合了古代中原宫廷宴乐的旋律音韵，至今在纳西族聚居地区尚有流传并发扬光大，是当今民族音乐中不可多得的精品。

（4）佤族寨

佤族寨位于"翠漪洲"东南角，寨内建有茅草房、牛头广场、神灵广场、"司岗里"石雕以及粮仓等。

牛头广场是佤族古老的"剽牛"活动场所，广场前的两个石人分别为佤族男性和女性的祖先。神灵广场表现了佤族万物有灵，灵魂不死的自然崇拜观念，场中两个石人雕像分别为佤族最崇拜的"木依吉"和"阿依娥"。

佤族的"木鼓舞"节拍鲜明强烈、风格粗犷豪放，佤族姑娘在舞蹈中长发飞舞，舞姿刚健，具有浓郁的民族风格，还有佤族一年一度的剽牛祭鬼活动、"春新米"、"织统帕"等生活场景充满了浓浓的生活情趣和意境。

（5）彝族村

彝族村地处民族团结广场以西，与白族村相对，占地面积约51亩。村内有图腾性的三虎浮雕墙，别具一格的虎山充分展示了彝族绚烂的虎文化特色。雄伟壮观的太阳历广场中央耸立着高大的图腾柱，柱上有太阳、虎、火和八卦图，柱周围环绕着黑白面向不同的十个月球雕塑。广场最外围的十二生肖石雕形态各异、惟妙惟肖。每逢"火把节"，在太阳历广场都要举行盛大的庆祝活动，人们燃起篝火、点上火把，围着篝火弹起大三弦，载歌载舞、纵情高歌。整个节日人山人海，气氛异常欢快热闹。

4. 滇池

位于昆明市市区西南面的滇池，是我国第六大淡水湖。滇池又称昆明湖，为断层陷落淡水湖，湖面海拔1886.5米，湖面面积约300平方千米，最深处达8米，平均水深5.5米，蓄水量15.7亿立方米。

滇池是受第三纪喜马拉雅山地壳运动的影响而形成的高原石灰

岩断层陷落湖，周围有数十个大小不一的山峰，山环水抱，天光云影，构成一幅美丽的天然画卷。站在龙门上，居高临下，滇池尽收眼底，滇池水面宽阔，其迷人之处在于它一日之内，随着天际日色、云彩的变化而变幻无穷。

滇池不仅是旅游的好去处，还有航运、渔业、灌溉、供水等经济价值。滇池周围风景名胜众多，它与西山森林公园、大观公园等隔水相望，与云南民族村、国家体育训练基地、云南民族博物馆等既相连成片又相对独立，互为依托，是游览、娱乐、度假的理想场所。1988年，滇池以昆明滇池风景名胜区的名义，被国务院批准列入第二批国家级风景名胜区名单。

5. 东川红土地

东川红土地位于昆明市以北偏东方向，属昆明市东川区管辖下的新田乡，距昆明约250千米，海拔1800～2600米之间。这里方圆近百里的区域是云南红土高原上最集中、最典型、最具特色的红土

地。每年 9 至 12 月，一部分红土地翻耕待种，另一部分红土地却已经种上绿绿的青稞或小麦等其他农作物，远远看去，色彩绚丽斑斓，衬以蓝天、白云和变幻莫测的太阳光线，构成了红土地壮观的景色。云南东川红土地被专家认为是全世界除巴西里约热内卢外最有气势的红土地，但其景象却比巴西红土地更为壮美。

东川红土地被开垦为梯田种植农作物，梯田呈现弧线状，山势连绵不断，一年四季都能让摄影爱好者拍出好照片。

春季的荞花、洋芋花盛开，放眼望去红白相见的田野生机盎然；五月是小麦收割的季节，红和黄成了主旋律，麦穗在风中唱着欢快的歌；初夏时节，地里的玉米刚吐绿芽，上面盖着白色膜，一沟沟红土、一条条白膜，在蓝天白云的映衬下，呈现出一幅线条流畅、色彩斑斓的版画；九月份左右，盛开的黄色油菜花把红土梯田装点得多姿多彩；冬天的红土地被铺上一层薄薄的白雪，更是美不胜收。

6. 九乡风景名胜区

九乡风景名胜区位于宜良县九乡彝族回族乡境内，距昆明 90 千米，距宜良县城 47 千米。是以溶洞景观为主体，结合洞外的山水峡

谷风光、民族风情、人文景观的大型综合性风景旅游区。

　　九乡风景区内峰峦连绵，山峰谷底相对高度达 200 米左右，地表海拔在 1750～1900 米之间，地势起伏不大。景区内有国内罕见的绝景，还有的是连世界地质学教科书上都从未有过的实例，因而备受国内外名家的赞誉。九乡溶洞群拥有上百座大小溶洞，为国内规模最大、数量最多的洞穴群落体系，类型齐全、风格多样，被誉为"溶洞博物馆"。

　　九乡风景区被南盘江支流麦田河纵贯全区，小岔河、比柯河、甸尾河、风摆箐、小箐、拆枝棵等箐间溪流分布于麦田河道两侧。麦田河河床落差大、河谷深切，多"V"形崖壁和峡谷，沿河裂点众多，侵蚀、溶蚀现象十分强烈，河岸零星保存有两级侵蚀阶地的残余，高出现代河床 10～80 米，阶地残余与溶洞相沟通，显示出溶洞分布区内地势上升，河流下切侵蚀的青幼年期河流地貌景观。

　　经国内外洞穴科学家考察论证后认为：九乡溶洞群发育于 6 亿年前古老的震旦纪浅海沉积和灰白色含硅质条带的白云岩中，这是

一个非稳定断裂的、溶蚀与侵蚀叠加的岩溶洞穴系统。被称为"史前奇观"的古海洋微生物化石——叠层石、倒石牙、生物喀斯特、鱼背石、卷曲石、涡穴等多种水文地质奇观及立体层型洞体和多层洞穴分布于景区的大小溶洞中。

　　九乡风景区的溶洞具有较高的科研价值，包括区域喀斯特发育特征、组合景观类型、植被及动物群落、洞穴发育及分布特征、洞穴水文、气候、生物、矿物及景观。从景区发掘的实物及保留完整的地层剖面来考察，对于研究区域性数十万年以来的古地质、古地理、古气候、古生态环境、古动物演化，以及有人类生活以来的人类社会发展历史等有极大帮助；从人文科学方面来考察还有民族学、民俗学、民间文学、民间艺术等科研课题。还有洞穴探险、洞穴疗养、教学、实习等多种综合性功能和价值，而科研价值远远高于观赏价值。

　　7. 轿子雪山

　　轿子雪山位于昆明市禄劝县境东北角的乌蒙乡，属于乌蒙山系拱王山脉余脉，因峰山体型似轿子而得名轿子雪山。雪山相对高差达 3400 米以上，形成了寒、温、热立体气候，呈"一山分四季，四季景迥异"的奇异景观，唐代大理南诏国王封此山为"乐尼白"。轿子雪山的雄险、壮阔、秀丽为滇中少有，而能将雄险、壮阔与秀丽、妩媚融为一体，更是滇中仅有。

　　轿子雪山砥柱千仞，立体气候明显，动植物资源丰富，地质地貌景观具有较高的观赏和科考价值，是距离昆明最近的一座极具开发潜力的雪山。1993 年轿子雪山被云南省人民政府审批为云南省级风景名胜区和省级自然保护区之一。

　　站在轿子雪山主峰远眺群山，观日出、流云、天池碧海、绿林、云海、雾凇、花卉、高山草甸，自然景观美不胜收，让人一到雪山就感觉回归到大自然的怀抱。

　　轿子雪山一年四季移时换景，初春时节漫游山间，枯枝横陈、藤蔓牵衣、古树垂萝、繁花竞放、珍禽和鸣；初夏时节，漫山遍野的红、白、黄杜鹃花汇成花海，使高山草甸色彩缤纷，山谷中生长的云南八大名花之一的绿绒蒿也竞相开放，一枝蒿、雪茶、贝母、地榆、紫蒿、草乌等名贵药材也在夏季苗壮成长，原始森林和灌木丛中栖息和奔跑着鹿、獐子、麝鹿、岩羊等野生动物，一派野趣天成；冬季的轿子雪山却成了巨大的银蛇，溪水变成清灵的冰河，树木花草全笼罩在一袭洁白的雪衣里，苍茫的轿子雪山成为一个银装素裹的世界，万树琼枝，晶莹剔透，雾凇与冰柱相呼应，冰凌与落水相回声，很容易就让人醉情圣山。

普洱

地理位置

普洱市地处于云南省西南部，位于东经99°09′~102°19′，北纬22°02′~24°50′之间，北回归线横穿其境。

基本情况

【面积】45385平方千米

【人口】约237万

【电话区号】0879

【邮政编码】665000

【下辖地区】思茅区｜宁洱哈尼族彝族自治县｜墨江哈尼族自治县｜景东彝族自治县｜景谷傣族彝族自治县｜镇沅彝族哈尼族拉祜族自治县｜江城哈尼族彝族自治县｜孟连傣族拉祜族佤族自治县｜澜沧拉祜族自治县｜西盟佤族自治县

地势气候

普洱市境内群山起伏，全区山地面积占98.3%，海拔1302米，属亚热带气候，最高气温35.7℃，最低气温3.4℃，年均气温

17.7℃。年无霜期 352 天，年均日照 2159.7 小时，年均降雨量 1535.4 毫米，冬无严寒，夏无酷暑，四季如春，被过往游人誉为"天然氧吧"。

自然资源

普洱市曾是"茶马古道"上的重要的驿站。由于受亚热带季风气候的影响，这里大部分地区常年无霜，是著名的普洱茶重要产地之一，也是中国最大的产茶区之一，拥有茶园 29361 公顷，年产茶 1.59 万吨。

由于地形地貌、气候及土壤等诸多因素的综合影响，普洱地区植被类型丰富多样，云南亚热带气候和北热带气候条件的植被类型在普洱地区几乎均有分布。普洱地区野生动物种类丰富，其中包括 16 种珍稀兽类，如金丝猴、孟加拉虎等；鸟类 16 种，如绿孔雀等。

普洱是云南的第二大林区，有林地面积 3829.5 万亩，人均 15.4 亩，为全国人均的 8.1 倍，全省人均的 3.4 倍。灌木林面积 372.3 万亩，森林覆盖率达 62.8%，活立木蓄积量 2.03 亿立方米，人均 56 立方米，是全国的 3.8 倍，其中可供采脂、用材、造纸、化纤用的优良速生树种思茅松占 68.9%。

普洱有丰富的水能资源，境内有红河、澜沧江、怒江三大水系及 100 多条支流。澜沧江纵贯南北，漫弯、大朝山、糯扎渡三级大电站总装机容量达 835 万千瓦。

普洱的矿产资源也十分丰富，初步探明有金、银、铅、铜、铁、锡、镍、钴、铬、钠、钾盐、煤、石油等多种矿产资源。

历史沿革

1950 年设宁洱专区，专署驻宁洱县。辖宁洱、思茅、六顺、车里、佛海、南峤、镇越（驻易武）、澜沧（驻募乃）、景谷（驻威远）、景东（驻锦屏）、镇沅（驻按板镇）、墨江（驻玖联镇）、江城

（驻勐烈）、宁江（驻勐往）、沧源（驻勐董）等 15 县。

1953 年将车里、镇越、佛海、南峤 4 县划归西双版纳傣族自治区。撤销六顺县，并入思茅县；撤销宁江县，将勐往、安康 2 区划归西双版纳傣族自治区；雅口、新营盘 2 区划归澜沧拉祜族自治区。1953 年 4 月 7 日由澜沧县部分地区设立澜沧拉祜族自治区（驻募乃）。思茅专区辖 8 县 1 自治区。

1970 年思茅专区改称思茅地区，地区驻普洱县思茅镇（原复兴镇）。辖普洱（驻宁洱镇）、景东（驻锦屏镇）、镇沅（驻按板镇下观音）、景谷（驻大街镇）、墨江（驻玖联镇）等 5 县及江城哈尼族彝族自治县（驻勐烈镇）、澜沧拉祜族自治县（驻勐朗镇）、孟连傣族拉祜族佤族自治县（驻孟连城子）、西盟佤族自治县（驻西盟镇）等 4 自治县。2003 年 10 月 30 日，国务院批准：（1）撤销思茅地区和县级思茅市，设立地级思茅市。市人民政府驻新成立的翠云区思茅镇月光路。（2）思茅市设立翠云区，以原县级思茅市的行政区域为翠云区的行政区域，区人民政府驻思茅镇过街楼路。（3）地级思茅市辖原思茅地区的普洱哈尼族彝族自治县、墨江哈尼族自治县、景东彝族自治县、镇沅彝族哈尼族拉祜族自治县、景谷傣族彝族自治县、江城哈尼族彝族自治县、澜沧拉祜族自治县、孟连傣族拉祜族佤族自治县、西盟佤族自治县和新设立的翠云区。

2007 年 1 月 21 日，国务院批准：同意云南省思茅市更名为云南省普洱市，普洱哈尼族彝族自治县更名为宁洱哈尼族彝族自治县，思茅市翠云区更名为普洱市思茅区。

🌸 名胜景点

1. 娜允古镇

娜允古镇位于云南省孟连傣族拉祜族佤族自治县城，是当今中国最后一个傣族古镇。

娜允古镇迄今已有 700 多年的历史，"娜允"即傣语"内城"

LINREN XINCHISHENWANG DE CAIYUNZHINAN

的意思。这里的房屋是傣汉两个民族的不同风格合璧的建筑群，表明很早以前内地和边疆的交流就存在了。娜允由"三城两镇"（上中下城和芒方岗、芒方冒）组成，从上到下是按照登记顺序布局。土司时代，上城是土司及家奴居住的地方，中城是官员和家属的居住地，下城则是下级官员的住处，其中位于上城最高处的孟连宣抚司署1965年被列为省级重点文物保护单位，它不仅是傣族历史的见证，也是孟连14个世居民族团结友爱的象征。

土司时代，上城是土司及家奴居住的地方，中城是官员和家属的居住地，下城则是下级官员的住处，芒方岗和芒方冒这两个小镇是林业官和猎户居住的寨子，孟连宣抚司署位于上城的最高处，上、中城佛寺也巍然屹立在宣抚司署的附近。占地一万多平方米的宣抚司署是云南清代土司的衙署，也是云南18座土司衙门中保存最完好的一座，与土司衙门的富丽堂皇形成对比的是清静悠闲的佛寺，大殿的墙壁上画着艳丽的壁画，记载的是傣族的历史传说。

2. 阿佤山云海

云海是西盟县阿佤山独特的自然景观。冬春季节，阿佤山夜间辐射却强烈，低海拔河谷的暖气与高海拔沿山下滑的冷空气相遇，

导致了逆温层以下形成了厚厚的云海，覆盖着沉睡中的山谷旷野。太阳出来后，云海变得绚丽多姿。开阔的地方，如激浪翻滚的波涛，狭窄的隘口，若飘逸晃动的白练。一些峰尖刺破云层，突兀矗立于苍穹，像春笋出土，一个个小山帽游离于云海半截的山腰，偈舢板荡漾于云海波涛之中。时近中午，气温升高，这时云层开始急剧地翻滚、奔涌、群山、云海时隐时现，极目之处，气象万千。佤山云海自午夜形成一直到次日 11 时以后，才渐渐消散。

在勐坎观看佤山云海，另有一番景致。乳白色的云雾，时而像一层层轻纱覆盖着册峦村寨，时而似波涛翻滚的海浪拍打着岸边，时而像垂帘瀑布直泻江河玉潭，时而又似弹弓飞起的银棉花絮。佤山云海，真的是变化万千，甚为壮观。而在那云开雾散之后露出来的佤山龙竹、梯田、青松、芭蕉树和竹楼村寨，在巍峨的群山之中，更加显得清新秀丽。

3. 无量山国家级自然保护区

无量山国家级自然保护区位于普洱市景东彝族自治县和大理白族自治州南涧彝族自治县的结合部，属野生动物类型自然保护区。保护区南北长约 83 千米，东西宽 5 ~ 7 千米，保护区总面积 31313 平方千米，核心区面积 17644 平方千米，2000 年 4 月，国务院将合并后的景东和南涧无量山自然保护区晋升为国家级自然保护区，并定名为云南无量山国家级自然保护区。

无量山国家级自然保护区内有国家一级重点保护植物云南红豆杉、南方红豆杉、伯乐树、长蕊木兰 4 种；二级保护的中华桫椤、苏铁蕨、水青树、云南榧树等 7 种；云南省级保护植物鸡血藤、冬樱花、滇西紫树等 19 种。保护区内还有陆生脊椎动物 30 目 96 科 575 种，其中兽类 9 目 30 科 78 属 123 种，国家一级重点保护的有黑长臂猿、蜂猴、熊猴、灰叶猴、金钱豹等 8 种；国家二级重点保护的有猕猴、大灵猫、小灵猫、中国穿山甲、黑熊等 15 种；鸟类 17 目 49 科 373 种，国家一级保护的有黑鹳、黑颈长尾雉等 3 种，国家二级保护的有凤头蜂鹰、雀鹰、凤头鹰、大鵟、棕翅鵟鹰、林雕等36 种；两栖爬行类中，有国家一级保护的蟒蛇 1 种，国家二级保护的红瘰疣螈 1 种。

无量山国家级自然保护区主要保护对象是黑长臂猿及其栖息环境，保护区内是我国黑长臂猿种群分布最多、最集中的地区，可以说是黑长臂猿的王国。已知区内有黑长臂猿 98 群，约 400 ~ 500 只。黑长臂猿为中国南方特有种，是现有长臂猿中最为原始的一个种，头顶上有一撮直耸的黑冠毛，又名黑冠长臂猿。黑长臂猿体形矮小，行动敏锐，身高 70 ~ 80 厘米，体重 6 ~ 7 千克，两臂平伸可达 1.5 米。以野果、嫩枝芽、鸟卵、小鸟及昆虫为食，以小群 4 ~ 5 只 "家庭" 式群居，由 1 只成年雄性和 1 ~ 2 只成年雌性及其后代组成。

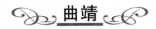

曲靖

地理位置

曲靖地处云南省中部，位于东经 102°42′ ~ 104°50′，北纬 24°19′~27°03′，东与贵州、广西毗邻，西与省会城市昆明接壤，南连文山、红河，北与昭通、贵州毕节相连，是云南连接内地的重要陆路通道，素有 "滇黔锁钥"、"入滇门户"、"云南咽喉" 之称。

基本情况

【面积】28904 平方千米

【人口】约 604 万

【电话区号】0874

【邮政编码】655000

【下辖地区】麒麟区 | 宣威县 | 马龙县 | 沾益县 | 富源县 | 罗平

县 | 师宗县 | 陆良县 | 会泽县

地势气候

曲靖市内地形多由山地、丘陵和盆地组成，是喀斯特地貌发育的典型。全市最高点海拔4017.3米，最低点海拔695米，相对高差3322.3米，平均海拔1881米。

曲靖为亚热带高原季风气候，年平均气温14.5℃，极端最高气温35.7℃，极端最低气温零下16.2℃，最热月7月平均气温19.7℃，最冷月1月平均气温6℃。年平均降水量在1000毫米以上。

自然资源

曲靖境内物华天宝，自然资源丰富。已探明的矿产资源就有30种，煤、铁、磷、铝、铅、锌、硫等储量在全省位居前列，其中，煤炭品种齐全、品质优良，探明可开采的煤近百亿吨，占全省储量的1/3，原煤、焦煤产量均占全省40%以上。境内还有全省最大的硅藻土、硫铁矿等矿床及遍布地下的优质矿泉、温泉和热泉，开发利用极为方便。

曲靖有国家级和省级保护植物、珍稀动物各30余种。属国家和省级保护植物的有树蕨、野茶花、木兰、辣子树等37种，列为国家珍稀保护动物的有大灵猫、猕猴、水獭、黑熊、金猫、豹、斑羚、黑颈鹤等30种。

因为曲靖是我国南方第一大河——珠江的发源地，境内还有许多江河纵横，如分属长江和珠江两大水系的南盘江、北盘江、牛栏江、小江等，所以水能资源理论蕴藏量406.28万千瓦，可开发300.31万千瓦，开发潜力巨大。曲靖市人均水资源占有量高于全国水平，水能资源具有较大的开发潜力。

历史沿革

公元前225年，秦始皇派兵修通了起自四川宜宾，终于云南曲

LINREN XINCHISHENWANG DE CAIYUNZHINAN

靖的"五尺道"，有力地促进了云南边疆地区的开发。公元前109年，汉武帝刘彻派兵打败了盘江流域一代的"劳浸、靡莫"部族，滇国归顺了汉王朝，刘彻在今三岔一带建成了味县，隶属于益州郡。

公元225年，诸葛亮亲率大军南征，在盘东一带与南中地区叛乱部族发生激战，主帅孟获被擒后率军归附，在三宝温泉石宝山与诸葛武侯和盟。诸葛亮三军会师味县，立纪功碑于城内，废益州郡设建宁郡，并将郡治由滇池迁到味县，并将南中军事管制机构移到味县，味县成了南中地区政治、军事中心。

西晋泰始六年（公元270年）八月，分建宁、云南、永昌、兴古四郡改设宁州，治所仍在味县，直属于中央王朝。宁州成为全国十九州之一，其余为司州、兖州、豫州、冀州、幽州、平州、雍州、凉州、秦州、梁州、益州、青州、徐州、荆州、扬州、交州、广州、并州。

北周时期，仍授爨氏为宁州刺史，但因北魏已设置宁州于彭元（甘肃境内），为区别南中宁州，则将彭元的宁州改称为北宁州，南中宁州改称为南宁州，南宁一词开始在云南曲靖的历史中使用。

唐王朝建立后，高祖在全国范围内置州废郡，承隋制设南宁州。贞观八年（公元634年）改南宁州为郎州，设郎州都督府。开元五年（公元717年）又复名南宁州都督府。管南宁、恭、协、昆、盘、尹、曾、姚、西濮、西宗、西宁、豫、西利、南云、磨、南笼等16州。首任都督韦仁寿率军民在今曲靖老城以北20里，筑成后世闻名的石城，武德八年，自益州移都督于今治。

唐天宝年间，民族矛盾激化，唐王朝与南诏爆发了三次大规模战争，天宝13年（公元755年）第三次天宝战争结束，唐朝损兵20万，南宁全境尽归南诏，政治、经济、军事中心转移到洱海地区，正式结束了曲靖长达530年南中首府的地位。南诏及后来的大理国均在石城设石城郡。

公元1253年，忽必烈率蒙古铁骑渡过金沙江，进军云南。三个

月后，大理投降，两年后云南全境归属蒙元，云南的统治中心由洱海移到滇池地区。元朝先后在石城设磨弥万户府、石城千户，公元1271年，改磨弥万户府为中路总管府。公元1276年，再改中路总管府为曲靖路总管府，改石城千户为南宁州。

公元1381年，30万明朝大军在颍川侯傅友德、永昌侯蓝玉、西平侯沐英的统率下，在石城周围与云南梁王把匝剌瓦尔密的10万蒙古残余势力展开了殊死搏击，这就是历史上著名的石城之战，也称白石江战役。最后元军全军大败，大明统一了中原。1387年大明开始在胜峰山下，交海（东海子）之滨建造新府城，取代那座遭战争严重破坏的石城。公元1394年升曲靖府为曲靖军民府，府治仍在南宁。

公元1765年，清朝再改曲靖军民府为曲靖府，县府仍为南宁县。

公元1913年，奉中央政府令："一律裁府改县"，南宁县改为曲靖县。民国37年（公元1948年）1月，设云南省第二区督察专员公署，驻曲靖县城。

1950年设曲靖专区，专署驻曲靖县。辖曲靖、沾益、宣威、平彝、马龙（驻通泉镇）、嵩明（驻嵩阳镇）、寻甸（驻仁德镇）等7县。

1960年曲靖专区辖7县。撤销马龙县，并入曲靖县；撤销师宗县，并入罗平县；撤销泸西县，并入弥勒县；撤销路南彝族自治县，并入宜良县；撤销寻甸回族自治县和嵩明县，合并设立寻甸县（驻仁德镇）。

1970年曲靖专区改称曲靖地区，地区驻曲靖县。辖曲靖、寻甸、宣威（驻榕城镇）、会泽、富源（驻中安镇）、沾益、师宗（驻丹凤）、罗平（驻罗雄镇）、陆良（驻中枢镇）、宜良、嵩明（驻嵩阳）、马龙（驻通泉镇）等12县及路南彝族自治县。

1997年5月6日，国务院批准：（1）撤销曲靖地区和县级曲靖市，设立地级曲靖市，市人民政府驻新设立的麒麟区城关镇文昌街。（2）曲靖市设立麒麟区和沾益县。麒麟区辖原县级曲靖市的城关、

LINREN XINCHISHENWANG DE CAIYUNZHINAN

三宝、越州、东山 4 个镇和环城、珠街、沿江、茨营、潇湘、西山 6
个乡。区人民政府驻城关镇南宁东路。沾益县辖原县级曲靖市的西
平、花山 2 个镇和沾益、盘江、白水、大坡、菱角、德泽、炎方、
播乐 8 个乡。县人民政府驻西平镇龙华新路。（3）曲靖市辖原曲靖
地区的陆良县、罗平县、会泽县、马龙县、富源县、师宗县、寻甸
回族彝族自治县和新设立的沾益县、麒麟区，原曲靖地区的宣威市
由省直辖。

特色文化

爨文化

在爨氏统治云南的 400 余年间，由于中原王朝长期处于封建割
据的战乱中，对云南基本上失去了控制，爨氏即乘之采取"奉中原
王朝为正朔"，实则形成"开门诸侯，闭门天子"的闭关锁国局面，
所以云南社会相对稳定，经济也较为发展，出现了"山岳吐精、物
物所得、邑落相望、牛马成群"的繁荣景象，内地汉民为逃避战乱
遂不断迁入云南，从而促进了爨地区经济文化的向前发展，同时爨
文化也就在中原文化的熏陶和融入后而"独步南疆、卓尔不群"，成
为独具云南特色的一份宝贵文化和精神财富。

曲靖是古代爨文化的发祥地，那么爨文化是什么呢？就其历史
来讲，爨文化就是中国历史自东晋（公元 317 年）经南北朝至唐天
宝七年（公元 749 年）这 400 多年间爨氏统治云南（包括今贵州，
四川的部分县市）时所造就的历史文明，其中除了散存于残篇断简
中的饮食文化、服饰文化、习俗、典礼、医药、建筑和流传在民间
的诗歌、曲艺外，最具特色，又看得见、听得到的恐怕就是二爨碑
和爨乡古乐了。其历史渊源上可追溯到"羌奴赋高山之句"的秦汉
时期和"阿盍咏夷立之章"的唐中叶时期，其中可圈可点的有玉琵
琶、龙咏筝、菩萨蛮、打枣竿、石榴花、元鸟行、爨棘童歌、刺绣、
小姑夜话等。

爨乡古乐是一种独具地方特色的民族乐种。洞经音乐作为爨乡古乐的一个组成部分则是云南特定历史、特定社会的文化产物。

相传明朝洪武十四年，明军 30 万在曲靖白石江一仗消灭了元梁王，取得了"一仗定云南"的胜利，后来大部分征南将士留在云南实行"戍兵屯田"，随之即把"江南乐府"及宫廷舞曲带到云南，并逐渐与地方的民族民间歌曲融为一体。到了明朝万历年间（公元1579 年），随着佛教的盛行，人们世界观、人生观的改变和生活习俗的要求，始将《文昌大洞仙经》的经文作为唱词而填入部分曲调中，故称"洞经"，迄今已有约 500 年的历史了。所以从这个意义上讲，洞经音乐实际上是爨乡古乐的一个组成部分，而爨乡古乐则又是爨文化的一个重要内容。

地方特产

1. 宣威火腿

宣威火腿，因产于宣威县而得名。它的主要特点是：形似琵琶、只大骨小、皮薄肉厚肥瘦适中；切开断面，香气浓郁、色泽鲜艳、瘦肉呈鲜红色或玫瑰色、肥肉呈乳白色、骨头略显桃红，似血气尚在滋润。宣威火腿品质优良，足以代表云南火腿，故又常称"云腿"。

2. 陆良板鸭

陆良腊鸭，即板鸭，是选用壮而肥的仔鸭宰杀后，用适量食盐腌制而成的，每只重 2 千克左右，造型为杏仁形，挂于室外干净、阳光充足和干燥通风的烤鸭架上，风吹日晒，数日后晒干即成板鸭。

板鸭独具特色，色白无毛、盐味适中、肉质细嫩、营养丰富、味道鲜美，是广大消费者喜爱的一种食品。每逢节假日，人们取来板鸭或蒸或煮，用来下酒，有人甚至用红纸把板鸭包起来，作为馈赠亲朋好友的礼品。

3. 麻衣馓子

陆良的麻衣馓子是用麦面做原料，和好面后扭成"千钧扣"油

LINREN XINCHISHENWANG DE CAIYUNZHINAN

炸的糖果。色泽金黄，表层穿上芝麻糖衣，特点是香、脆、酥、甜，特别是内里灌满了糖饴，甜润柔腻。陆良"麻衣馓子"已有200年的历史，是地方传统风味食品，也是馈赠亲友的佳品。

名胜景点

1. 罗平油菜花

罗平是位于滇、黔、桂三省交界处的小城，素有"鸡鸣三省"的美誉，得山川湖泊之灵气，是理想的旅游地。名代大旅行家徐霞客曾写下"罗平著名迤东"的赞叹。

罗平是我国的油菜生产基地县，也是蜜蜂春繁和蜂产品加工基地。每年3月份，20万亩油菜花在罗平坝子竞相绽放，放眼望去，是一片一望无际的金黄，无论什么人，凡驻足这个最大的天然花园内，无不感叹。

2. 珠江源风景区

珠江源风景区位于曲靖市沾益县境内的马雄山麓，距沾益县城50千米，曲靖市区60千米。珠江源风景区是著名的国家级森林公园、国家 AAAA 级旅游区。

珠江源风景区景区属喀斯特地貌，面积约12.5平方千米，全年降雨量充沛，气候温和，四季如春。景区植被覆盖率达98%，共有

植物共有 200 多科、1900 多种，仅花就有 128 种。

珠江源风景区森林茂密，溪流淙淙，有"一水滴三江，一脉隔双盘"的奇异景观。

春夏时节，漫山遍野的马樱花开得如火如荼，鲜艳夺目。成片的马樱花、伏地松、野竹林、天下第一罗盘、天下第一棋盘、珠江源石牌坊、珠源第一瀑、霞客草堂、珠江禅寺等组成了珠江源绚丽而独特的自然和人文景观，令人流连忘返。

珠源洞——珠江正源奇景，一洞一湖一桥一瀑布，与蓝天、白云、山势、森林组合成完美绝伦、绚丽多彩的山水倒影奇景。

珠源大罗盘——被人们称为天下第一大罗盘，位于马雄山顶峰。直径 2 米，重 4 吨，在世界上都属罕见。罗盘上可仰观天文，中可通万物之情，下可俯查地理。

野竹林——茫茫野竹，节刺横生，遮天蔽日，密不可透。由小路横穿而过，可领略回归自然的情调。

3. 多依河

多依河位于滇黔桂三省区交界处云南省罗平县境内，与贵州兴义市马岭河峡谷国家重点风景名胜区山水相连，经十万大山峰丛至多依寨子进入景区。景区从多依寨至"鸡鸣三省"的三江口，全长 12 千米的河床上有近 40 个瀑布，两岸古木修竹，色彩丰富，层次清晰。在"一目十滩"上，无数钙华漫滩层层迭出，错落有致，自然天成。河水常年晶莹剔透，蔚蓝无边。尤其是沿河两岸盘根错节的千年古树，仿佛就是一座庞大的自然根雕艺术展览馆。河道蜿蜒曲折，布依村寨沿河而布，吊脚楼隐现在树丛竹林之间，一派十足的热带风光画面。一水合三江、清江一边淌、浑水一边流的奇观异景就在此显现。

LINREN XINCHISHENWANG DE CAIYUNZHINAN

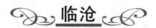

临沧

地理位置

临沧市位于云南省西南部，北回归线横贯南部，东邻普洱市，北连大理白族自治州，西接保山市，西南与缅甸交界。

基本情况

【面积】24469 平方千米

【人口】约 219 万

【电话区号】0883

【邮政编码】677000

地势气候

临沧市全市地势高峻，中间高、四周低，并由东北逐渐向西南倾斜。临沧市境内最高点是永德大雪山主峰，海拔 3504 米，最低海拔为南汀河出境处，海拔 450 米。临沧市属亚热带低纬度山地季风气候，四季温差不大，干湿季明显，享有"亚洲恒温城"之美称，年平均气温 17.2℃。

名胜景点

1. 南滚河国家级自然保护区

南滚河国家级自然保护区于 1980 年建立，1994 年 12 月批准为国家级自然保护区。南滚河国家级自然保护区总面积 7082 公顷，主要保护对象为亚洲象及其栖息的热带雨林生态系统。

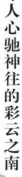

令人心驰神往的彩云之南

城市地区

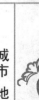

55

南滚河国家级自然保护区位于临沧市沧源佤族自治县。保护区属横断山脉的高山峡谷地貌，最高峰海拔 2302 米，谷地海拔 450 米，年平均气温 12.4℃；年降水量 2834 毫米。

南滚河国家级自然保护区高等植物有 97 科共 400 多种，主要珍稀树种有红椎、木莲、楠木、桢楠、润楠、红椿、麻楝、滇石梓、多果榄仁、琴叶风吹楠、八宝树、番龙眼、灯台树、铁力木、见血封喉以及云南松、箭竹、木棉等。

南滚河国家级自然保护区鸟、兽有 55 科共 120 多种，其中鸟类有 33 科 80 多种，兽类有 22 科 40 多种。主要兽类有：亚洲象、野猪、孟加拉虎、金钱豹等；鸟类有：太阳鸟、画眉、鹦鹉、绿孔雀等。

2. 广允佛寺

广允佛寺，也称广允缅寺，位于临沧市沧源佤族自治县城勐懂镇大街北侧，俗称"学堂缅寺"，始建于清代，为小乘佛教建筑。

广允佛寺据传是道光八年（1828 年）汪政府调停耿马土司内讧，册封罕荣高为土司的时代所建，距今已 170 多年。广允佛寺建筑风格较多地受到汉族建筑风格的影响，保留了小乘佛教寺院的基本形式，是汉式建筑外形与傣族庭院内部装饰的有机结合，在建筑艺术风格上独具一格。广允佛寺由于其历史、地域、人文、宗教的重要地位，于 1988 年 1 月 13 日，被国务院公布为第三批全国重点保护文物。

广允佛寺占地 2200 平方米，经过修复的主殿建于高 0.5 ~ 1.5 米的基座上，门面阔 14.8 米，大殿进深 24.4 米，为穿斗式木结构。整座大殿由一围廊式歇山顶三重檐殿堂与四方型五重檐亭部长组合而成，亭阁作重檐歇山顶，檐下饰斗拱，五重上跳，拱部雕刻云纹。殿堂门窗作有透雕装饰，梁坊门柱启蒙饰刻板漏印的"金水"图案，技艺精美，是傣族的传统工艺，大殿内并列金柱六根，尤其是缅寺门面柱上倒悬两条木雕巨龙，盘旋在门厅入口的左右两柱上，使殿

LINREN XINCHISHENWANG DE CAIYUNZHINAN

堂更显得辉煌华贵。

昭通

地理位置

昭通市地处云南省的东北部，位于东经 102°52′~105°19′，北纬 26°34′~28°40′之间，全市东西横跨 241 千米，南北纵跨 234 千米，周长 1482 千米。

昭通市东南面与贵州省威宁、赫章、毕节毗邻，南面隔牛栏江与云南省会泽县接壤，西面与四川省会东、宁南、金阳、雷波、屏山、宜宾隔金沙江相望，北面隔南广河与四川珙县、筠连、兴文、叙永县接壤。昭通市市区向南距省会昆明 392 千米。

基本情况

【面积】23000 平方千米

【人口】约 546 万

【电话区号】0870

【邮政编码】657000

【区位优势】昭通素有"咽喉西蜀，锁钥南滇"之称，处于昆明、成都、贵阳、重庆等中心城市经济社会发展辐射的交汇点，位于国家规划的"攀西——六盘水经济开发区"腹心地带，是云南的北大门和滇、川、黔三省经济、文化的交汇重地。随着内昆铁路的建成通车，由公路、铁路、航空、水运组成的立体交通网络已具雏形。昭通正在成为云南连接长江经济带和成渝经济区的重要门户，是内地入滇乃至南下东南亚、南亚的便捷通道，区位优势逐步凸现。

【下辖地区】昭阳区 | 鲁甸县 | 巧家县 | 盐津县 | 大关县 | 永善

县 | 绥江县 | 镇雄县 | 彝良县 | 威信县 | 水富县

地势与气候

昭通位于云岭高原与四川盆地的结合处，属典型的山地构造地形。昭通山高谷深，海拔高差大，最高海拔 4040 米（巧家县药山），最低海拔 267 米（水富县滚坎坝）。独特的地势使昭通形成了大山包、黄莲河、铜锣坝、小草坝等独特的自然景观和迷人风光。

昭通气候属亚热带、暖温带共存的高原季风立体气候，年平均气温 12.6℃，1 月平均气温 2.0℃，7 月平均气温 19.8℃，极端最低气温零下 13.3℃，极端最高气温 33.5℃，年平均日照 1900 小时，年平均降雨量 760 毫米。

自然资源

昭通青山育翠，黑土藏金，有资源"金三角"的美誉。昭通矿产资源种类多、品质高，已知矿产资源 33 种，现已探明储量的 22 种。煤、硫储量居全省首位，其中煤炭储量 165.82 亿吨，探明储量 102.27 亿吨，褐煤储量 81.98 亿吨，为我国南方第二大褐煤田。铅锌矿已探明储量 166.92 万吨。

昭通水能资源富甲云南，水能蕴藏量为 2080 万千瓦，可开发装机容量 1612 万千瓦，国家在金沙江下游昭通境内规划有溪洛渡、向家坝、白鹤滩三座巨型电站。

历史文化

昭通这块古朴神奇的土地，是云南文化三大发源地（大理、昭通、昆明）之一，素有"小昆明"之称，历史文化源远流长。1982 年，昭通市北郊过山洞出土了一枚人牙化石，经鉴定为"早期智人化石"，距今约 10 万年，后来把牙齿的主人称作"昭通人"，这填补了云南省从猿人阶段到晚期智人阶段之间的空白，也说明了昭通是

LINREN XINCHISHENWANG DE CAIYUNZHINAN

人类起源和发展的重要地区之一。

昭通文化遗存十分丰富，全市有新石器时代遗址 20 余处，著名的有鲁甸野石山遗址、马厂遗址和巧家小东门新石器遗址，时代在距今 4 千年左右。位于昭通市北坡，镇雄县城北，现存着东汉以来彝族乌蒙部、芒部部分遗址，还有盐津豆沙关、威信棺木岩、永善桥湾等都遗留着众多悬棺墓，而石板墓则分布于巧家、绥江、盐津、大关、镇雄、彝良、威信，这些石板墓中有早到新石器时代时期的，也有晚到明代时期的。

名胜景点

1. 豆沙关

豆沙关位于盐津县西南 22 千米处，有 213 国道从旁经过，由豆沙关、三股水、莲花洞、大黎山等四个片区 60 个景点组成，面积约 70 平方千米，是四川进入云南的交通要道，也是秦、汉"五尺道"的要隘。豆沙关地势险要，左为绝壁，右面隔朱提江与危岩相对峙，像两扇巨大的石门，扼锁通道，隋、唐时被称为"石门关"。

豆沙关景观有雄险的古驿道豆沙关，绚丽的老黎山岭风光，众星捧月的圆丘乳峰，梦幻迷离的天然迷宫，满山遍野的名贵花卉，顶天立地的参天古木，美丽如画的三股水瀑布，丰厚古老的文化遗存等，是滇东北的通向四川、通向大西北途中的游览胜地。

豆沙关有著名的"五尺道"遗迹。五尺道始建于秦，现残存长约 350 米，道宽五尺，每级石阶宽窄高低不一，路面留有马蹄痕印数十个。它是由川入滇，到缅甸、印度的"蜀身毒道"（古西南丝路）的重要通道。

豆沙关上有唐碑亭，亭内岩壁上是著名的唐袁滋摩崖。袁滋是唐朝御使中丞、著名的书法家。这块摩崖，是袁滋于公元 794 年出使云南，路过石门关时刻下的，现已被列入国家级重点文物。与摩崖对峙的东岩石壁上可以观看神秘的古代"僰人悬棺"葬。现存有 5 具古代

僰人悬棺，对于研究僰人的兴衰具重要的价值，是珍贵的文物。

2. 黄连河风景区

黄连河风景区位于昭通市大关县，以瀑布景观为主体，集峡谷、溶洞、原始森林、竹海、山顶水库、地质历史遗迹、珍稀动植物等自然景观和古墓、史前遗迹、民族风情等为一体，是开展旅游观光、休养度假、登山攀崖、科学考察和各种娱乐活动的多功能风景名胜区。

整个景区分为四个片区：

（1）黄连河片区：位于大关县城东南 5.5 千米处，这里有云雾奇峰、山林竹海、溶洞奇观、苗寨风情，更有 47 个形态各异的瀑布。主要景点有：对歌瀑、双瀑迎客、团圆瀑、珠帘瀑、水上舞台、月老瀑及鸳鸯瀑、水帘长廊、大滑板、少女瀑、情郎瀑、白象洞等。

（2）上高桥片区：距大关县城 35 千米，距昭通市 44 千米，以自然景观、珍稀植物为主要旅游对象。景区内石林、溶洞、高桥峡谷、珍稀植物等自然景观令人流连，可以说是一个兼容山、水、石、树的综合性风景名胜区。主要景点有滩头竹影、高桥石谷、一线天、飞花瀑、老空湾云海、小标水岩、大标水岩、青龙洞溶洞群、石林等。

（3）罗汉坝片区：距大关县城 53 千米，风景优美，但是目前尚未开发。

（4）云台游览线：以云台山峡为中心，南起玉碗乡，北至黄荆坝。地处昆水公路沿线，全长 50 千米，沿途群山巍峨、奇峰迭出、峡谷幽深，有二十多个大小瀑布。这里还集中雄险的秦汉古道、明清古道、东汉岩墓等十个景点。

3. 扎西会址

扎西会址位于昭通市威信县扎西镇东北角的江西庙内。1935 年 2 月中央红军长征路过扎西，将总司令部设在扎西镇东北角的江西庙内，2 月 9 日中央在该庙内戏楼上召开了中央政治局扩大会议，这次会议以其在我党我军的历史上的重要地位而载入史册。现在原址已修复，会址及各中央领导同志故居的旧址按原样陈列。

LINREN XINCHISHENWANG DE CAIYUNZHINAN

扎西会址不远的小山岗上为扎西会议纪念馆，馆内有多年来征集到的珍贵革命历史文物数千件，有珍贵历史照片，形象逼真的雕塑，翔实的文字说明，距纪念馆不远有巍然矗立的红军纪念碑，四围护以大理石栏杆。另外在县城内还有扎西公园、红军烈士陵园等革命纪念地。

4. 铜锣坝国家森林公园

铜锣坝国家森林公园位于昭通市水富县境内，距县城 40 余千米。景区内分布着 5 条溪流，18 个小盆地，7 个小湖和数 10 个瀑布，是滇东北目前保留较为完整的亚热带常绿阔叶林区，整个景区集雄、奇、险、幽、秀于一体，风光优美。

铜锣坝国家森林公园内山林奇景美不胜收，景区群峰如林，万亩林海郁郁葱葱。鸽子谷中，数株珙桐集中排列，花开之时像千万只白鸽在林间起舞。更有千年象鼻树，古树盘根错节，形象逼真。茶山岭、杜鹃林，花开之时一片绚烂，让人目不暇接。

登上景区中部山顶，晨观日出，夕赏晚霞，雨后观云海雾潮，令人心旷神怡。隆冬时还有雪景冰挂。森林公园内幽谷游泉四季不竭，有水帘壁、瀑布群、仙女池、关山滩水帘洞、向寒坝墨石潭等景点。铜锣坝电站形成了林中湖泊，二道坝又将铜锣坝、平水坝、五里坝、花红坝、三星坝、白寒坝、鸡心湾几十条小箐连成一大片水域，山水相连，湖光山色，一望无垠。

令人心驰神往的彩云之南

城市地区

丽江

地理位置

丽江市位于云南省西北部云贵高原与青藏高原的连接部位，东经100°25′，北纬26°86′之间，市区中心海拔高度为2418米，北连迪庆藏族自治州，南接大理白族自治州，西邻怒江傈僳族自治州，东与四川凉山彝族自治州和攀枝花市接壤。

基本情况

【面积】20600平方千米

【人口】约110万

【电话区号】0888

【邮政编码】6741

【下辖地区】古城区 | 永胜县 | 华坪县 | 玉龙纳西族自治县 | 宁蒗彝族自治县

气候特征

丽江属高原型西南季风气候，气温偏低，昼夜温差很大。丽江的大部分地区冬暖夏凉，年平均气温在12.6℃～19.8℃，最热月的平均气温为18.1℃～25.7℃，最冷月平均气温为4℃～11.7℃，年温差小，但日温差较大。每年的5～10月为雨季，特别集中在7、8两月。

月份	一	二	三	四	五	六	七	八	九	十	十一	十二
平均气温℃	5.9	7.5	10.4	13.3	16.6	17.8	18.1	17.3	16.0	13.3	9.0	6.3

LINREN XINCHISHENWANG DE CAIYUNZHINAN

生物资源

丽江生物资源丰富多样，全市有 13000 多种植物，占全省植物种类的 70%。云南八大名花和国家保护植物珙桐、红豆杉、三尖杉、榧木、银杏等都在丽江广为分布。丽江是云南省重点林区之一，林业用地 150 万公顷，森林覆盖率达 40.3%。丽江 98.2% 的国土面积属金沙江流域面积，是国家实施天保工程的重点地区。丰富的植物资源为各种动物提供了生息繁衍的良好环境。据统计，全区共有兽类 83 种，占云南兽种类总量的 29.6%；鸟类 290 多种，占云南鸟类总量的 37.6%。丽江的药材资源及其他可开发的生物资源也极为丰富，中药材有 444 种，仅开发利用的就有 200 多种；永胜县的程海是我国唯一能天然生长螺旋藻的湖泊，目前已建成年产 1000 吨的世界最大的螺旋藻生产基地；山嵛菜、苦良姜等特色生物资源产业开发也取得了初步的成效。

历史沿革

丽江在战国时属秦国蜀郡，到汉时属越郡。

三国时期属云南郡，南朝为遂段县，大约在此时纳西族先民迁于此。

唐时曾为姚州都督府地，后为吐蕃，南诏地，称桑川，属剑川节度。

宋时为大理善巨郡地，开始建城，忽必烈南征大理，以革囊渡金沙江后曾在此驻兵操练，"阿营"遗址仍在，当时居民已有千余户，至元十三年改为丽江路，丽江之名始于此，以依傍于丽江（金沙江古名）湾而得名。

到明末时期，丽江已具规模，日渐繁荣，本地土司木氏所营造的宫室非常华美，徐霞客在游记中谓其"宫室之丽，拟于王者"，而丽江府"富冠诸土郡"。《明史云南土司传》则言"云南诸土官知诗书，好礼守义，以丽江木氏为首"。府城大研之名亦始于明代。以其位于丽江坝子中心，四周青山环绕，形似一巨砚，故名大研（砚）厢。

清为丽江府，雍正元年（1723年），改土归流，结束木氏土司元代以来的世袭统治。乾隆三十五年（1770年），置丽江县。

1961年，成立丽江纳西族自治县。

民风民俗

1. 纳西文化

丽江是纳西族东巴文化的中心，也是汉、藏、白等民族文化的交汇地，有着丰富的历史人文景观。蜚声中外的丽江古城是中国历史文化名城，始建于南宋，距今已有800多年历史，居住着4000多户人家。

丽江是纳西族主要的聚居地，东巴文化就指纳西族古代文化，因保存于东巴教而得名，东巴文化源远流长，经考证，至今已有近千年的历史。纳西族古称"么些"，属由北向南迁移的氐羌族群。东巴教系纳西族原始宗教，以信奉万物有灵，多神，并深受佛、道教

LINREN XINCHISHENWANG DE CAIYUNZHINAN

的深刻影响为基本特征。其教徒"东巴"意为"智者"，往往集巫、医、学、艺、匠等于一身，是纳西族传统文化的重要传承者。

以东巴文化为特色的丽江纳西东巴文化博物馆，占地7亩，是一座包括历史、自然、艺术在内的综合性民族民俗博物馆。博物馆主体建筑形式为仿古纳西族四合院落，根据地形地貌，充分利用山水环境条件，形成以群体院落作为主体建筑带的古建筑群。

2. 纳西族

纳西族是我国的少数民族之一，主要分布在云南、四川等省。纳西民居大多为土木结构，比较常见的形式有：三坊一照壁、四合五天井、前后院、一进两院等。其中，三坊一照壁是丽江纳西民居中最基本、最常见的民居形式。在结构上，城镇一般正房一坊较高，方向朝南，面对照壁，主要供老人居住；东西厢略低，由晚辈居住；天井供生活之用，多用砖石铺成，常以花草美化。如有临街的房屋，居民多将它作为铺面。农村的三坊一照壁民居在功能上与城镇的略有不同。一般来说三坊皆为两层，朝东的正房一坊及朝南的厢房一坊楼下住人，楼上作仓库，朝北的一坊楼下当畜厩，楼上贮藏草料。天井除供生活之用外，还兼供生产（如晒谷子或加工粮食）之用，故农村的天井稍大，地坪光滑，不用砖石铺成。

纳西民居中最显著的一个特点是，不论城乡，家家房前都有宽大的厦子（即外廊）。厦子是丽江纳西族民居最重要的组成部分之一，这与丽江的宜人气候分不开。纳西族人民常把一部分房间的功能如吃饭、会客等搬到厦子里。在建筑设计、建筑风格及艺术等方面，丽江（大研）古城的纳西民居最具特色。古城地处丽江坝，北靠象山、景虹山，西靠狮子山，东西两面开朗辽阔。城内，从象山山麓流出的玉泉水从古城的西北湍流至玉龙桥下，并由此分成西河、中河、东河三条支流，再分成无数股支流穿流于古城内各街巷。利用这种有利的自然条件，古城街道不拘一格的自由布局，主街傍河，小巷临渠，道路随着水渠的曲直而延伸，房屋就着地势的高低而组

城市 地区

合。这些房屋中临街的房子多被辟为铺面，或主人自己经营些小商品，或转租他人经营。长期以来，纳西人形成了崇尚自然、崇尚文化、善于学习和吸取其他民族的先进文化的优良传统。这一传统特别对民居建筑艺术产生了极大的影响。其表现在：民居特色鲜明、构筑因地制宜、造型朴实生动、装修精美雅致。此外，纳西人在房屋的建筑设计上一直着重考虑抗震性能，并总结了一些有效的抗震构造措施。这从 1996 年的地震中，古城民居房墙大量倒塌，但主体框架仍保持完好等情况中可以看到。

3. 东巴文字

纳西族东巴文字被誉为世界上唯一保留完整的"活着的象形文字"。1300 多个东巴文字，附以 1000 多种拼写组合，记述了纳西人的历史、文学、艺术。

东巴文也称象形文，纳西话是"木究鲁究"，可直接译为"木迹石迹"。它包含两层意思：一是指"留在木头、石头上的迹印"；二是"木石的痕迹"，也可以引申为"见木画木，见石画石"，也就是以画物像来作为记载交流的工具。但是，东巴文中的每一图像符号都有它约定俗成的线条和笔法，形成有固定的读者群，并非常人所指的概念，而且具备了表示某字、某词的符号，有它固定的读者群，并非常人所能通读。

东巴文是介于图画文字和表意文字之间的一种文字符号。用东巴文书写而成的经书叫"东巴经"。这种经书是用以锅底黑灰拌猪苦胆汁研制的墨和自制的笔，在一种当地土制的厚棉纸上书写，再装订成册的书。

东巴经是纳西族古代社会的百科全书，记载有天文、气象、时令、历法、地理、历史、风土、动植物、疾病、五金、武器、农业、畜牧、狩猎、手工业、音乐等，集古代纳西族文化之大成，也是研究纳西族古代哲学思想、语言文字、社会历史、宗教风俗、文学艺术、伦理道德以及民族关系史不可多得的宝贵资料。在东巴经中，有三大著名史诗：创世史诗《崇搬图》，战争史诗《黑白战争》，爱情史诗《鲁摆鲁饶》。

4. 纳西古乐

在丽江古城，每当夜深人静时，常能听到一阵阵笛弦交融、筝琴悦耳的悠远典雅的乐曲声，这就是驰名中外的大研纳西古乐队演奏的纳西古乐曲。

纳西古乐是公元 14 世纪以来，纳西人在接受以儒道文化为代表的中原文明影响而创建的艺术结晶。它是以道教洞经音乐、儒家典礼音乐为载体，保留部分唐宋元明的辞、典牌、杂曲音乐和古代纳西族先民音乐。这在中原地区早已失传，而被纳西知识分子时代相传了下来。

纳西古乐早已融入丽江人民群众的文化生活中，不仅深受老年人的喜爱，而且早已被青年人中的知识分子所接受，成为他们极为推崇的雅趣。纳西古乐素来以其庄重典雅的格调著称，它是一种高雅的智能艺术，须有一定艺术修养的人，方可欣赏品味。

5. 丽江雪茶

丽江雪茶，为地衣裳类的茶科植物，叶状似已加工过的茶叶，通体洁白，又名地茶、太白茶，形似白菊花瓣，洁白如雪，故名丽江雪茶。丽江雪茶生长于海拔4000米以上的雪域高山苔藓植物带，系天然野生，不能人工栽培。

丽江雪茶性凉、味甘，富含雪茶酸、鳞片酸、羊角衣酸、D—阿糖醇、甘露醇、氨基酸、多种维生素和微量元素，具有生津止渴、清热解毒、平肝降火、滋阴润肺、降压等药用价值，亦可开水冲泡，代茶饮用；喉疼时也可将雪茶慢慢咀嚼，其味由苦转甜、回味无穷。丽江饮用雪茶历史悠久，早在明代，雪茶就已成为木氏土司朝贡珍品。

名胜景点

1. 丽江古城

丽江古城的纳西名字为"谷本"，意思是仓廪云集之地，它的汉语名字叫"大研镇"，由于古镇形状酷似一方硕大的石砚，所以"研"字一般解释为"砚"。丽江古城坐落在海拔2400米的滇西北的高原上，它始建于南宋，距今已800多年，居住着4000多户人家。

丽江古城兼有山乡之容，水城之貌。主街傍河，小巷临渠，泉水环绕连接每家门庭，开门即河，迎面即柳，形成了高原水乡"户户泉水，家家垂柳"的特有风

采。他们用水十分讲究，名为三眼井，即泉水喷涌的第一眼井供饮用；下流第二眼井供洗菜；再下流第三眼井可以用来洗衣服，严格分开，不准乱用。丽江古城保存了许多明清时期的石拱桥，虽经百年的风雨侵蚀、兵火焚毁，乃至多次地震的影响，但石桥如故，至今依然横跨主河，为"高原姑苏"赢得了一份古朴的壮丽。

古城民居的特色是"三坊一照壁"、"四合五天井"、"走马转阁楼"。它们多以院子为中心，内向的庭院组合，融北京的四合院和当地土木结构特色于一体：正房堂屋，两旁侧室，走廊宽敞，天井宽亮，门窗多精雕细刻花鸟图案，门楼修得富丽堂皇。纳西人生在花的王国，又酷爱栽花种草，几乎每家庭院都摆有盆景花卉，把庭院装扮得五彩缤纷。

有别于中国任何一座王城，丽江古城未受"方九里，旁三门，国中九经九纬，经途九轨"的中原建城体制的影响。古城中无规矩的道路网，无森严的城墙。所有建筑都是依山就水、错落有致，这在中国现存的古城中是极为罕见的，是纳西族先民根据民族传统和环境再创造的结果。

丽江古城自古就没有城墙，据说是因为统治者土司姓木，"木"字外边再加个"口"字就成了"困"字，木家因此就不能兴旺发达，所以丽江古城没有修筑城墙。纳西族的姓氏主要以"木"与"和"两大姓为主，在这里如果一个人姓"木"或"和"，那你就基本可以判断他是纳西族人。明洪武十五年（公元 1382 年），通安州知府阿甲阿得归顺明朝，进京朝拜称臣，朱元璋赐"木"姓，并封其为世袭知府。"木"姓意为丽江森林茂盛以顺天时地利，是"朱"字下面的"木"。土司得到皇帝的恩宠，有了"木"姓，地位当然稳固。木土司让自己的自民们姓"和"，是因为纳西人喜欢戴帽子，妇女劳作时都用背篓，所以"木"字上面加一撇就表示戴帽子，旁边加个"口"字就象征背篓即组成"和"字。"木"和"和"两姓和睦相处，天时地利人和皆有之。

2. 玉龙雪山

玉龙雪山位于丽江市区北面 15 千米，是云南亚热带的极高山地，也是北半球最南的大雪山。山势由北向南走向，南北长 35 千米，东西宽 25 千米，雪山面积 960 平方千米，高山雪域风景位于海拔 4000 米以上。雪山从山脚河谷到峰顶具备了亚热带、温带、寒带

的完整垂直带自然景观。雪山自然旅游资源丰富，景观大致可分为雪域冰川景观、高山草甸景观、原始森林景观、雪山水景等。

玉龙雪山以险、奇、美、秀著称于世，气势磅礴，玲珑秀丽，随着时令和天气的变化，雪山有时云蒸霞蔚、时隐时现；有时群峰晶莹耀眼；又有时云带束腰，云中雪峰皎洁，云下岗峦碧翠。雪山由 13 峰组成，由北向南呈纵向排列，不仅气势磅礴，而且秀丽挺拔，在碧蓝天幕的映衬下，像一条银色的玉龙在永恒地飞舞，故名"玉龙山"。清代纳西族学者木正源曾形象地归纳出玉龙 12 景，即："三春烟笼"、"六月云带"、"晓前曙色"、"暝后夕阳"、"晴霞五色"、"夜月双辉"、"绿雪奇峰"、"银灯炫焰"、"玉湖倒影"、"龙旱生云"、"金沙璧流"、"白泉玉液"，描述了不同角度、不同时节和不同时辰玉龙雪山变幻莫测的奇妙景致。

在玉龙雪山东面的山脚下，距丽江城约 26 千米，有一个海拔3100 多米，三面环山的高原草甸——甘海子。

甘海子长约四五千米，宽约两千米，里面长满了茂密的牧草和低矮的灌木林。这里是仰视玉龙雪山全貌最近的、也是最佳的地方，你可以看到玉龙雪山的十三个高峰由北向南依次排开，尤其是主峰

城市 地区

扇子陡，像一把打开的扇子，切入云天，气势磅礴。

从甘海子草甸到海拔 4500 米的雪线，可以看到各种各样的花草树木，兰花、野生牡丹、雪莲等，品种繁多；云南松、雪松、冷杉、刺栗等，高大挺拔。甘海子草甸还是一个天然的大牧场，每年春暖花开，绿草萌发时，住在甘海子附近的藏、彝、纳西族牧民们都要带上毡篷，骑着高头大马，赶着牦牛、羊群，到草甸放牧。

3. 虎跳峡

虎跳峡位于中甸县境内，石鼓镇的东北，距离丽江纳西族自治县县城 60 千米，是玉龙雪山及哈巴雪山的交界处。虎跳峡长 20 千米，落差 213 米，分为上虎跳峡、中虎跳峡及下虎跳峡，共有险滩 18 处，江面最窄处只有 30 多米。峡口海拔 1800 米，峡谷垂直高差 3790 米，是世界上最深的峡谷之一。

虎跳峡是世界上著名的大峡谷，以奇、险、雄、壮著称。从虎跳峡镇过冲江河沿哈巴雪山山麓顺江而下，即可进入峡谷。上虎跳峡距虎跳峡镇 12 千米，是整个峡谷中最窄的一段，峡宽仅 30 余米，江心有一个 13 米高的大石——虎跳石，江水与巨石相搏击发出山轰

LINREN XINCHISHENWANG DE CAIYUNZHINAN

谷鸣的涛声，相传有猛虎下山，在江中的虎跳石上稍一脚，便可腾空越过，故称虎跳峡。

虎跳石还有一个美丽的传说：金沙姑娘从青藏高原一路欢歌飞奔来到虎跳峡江口，玉龙王子和哈巴王子兄弟同时爱上了美丽的金沙姑娘，都欲阻挡她前进，于是兄弟俩决定轮流把守江口。一天，轮到哈巴弟弟把守，金沙姑娘用美妙的歌声迷倒了哈巴王子，乘机逃出了峡谷。哈巴王子醒来后，既羞愧，又后悔，结果就拔剑自刎，头颅落进了江中就变为了虎跳石。

沿虎跳峡北上过永胜村便到达中虎跳峡。这一段江岸峭壁环锁，峭壁上怪石奇异，江中礁石林立，似犬牙交错，这一段被称为"满天星"，激荡的怒涛在礁石间左冲右撞，江面上一片雾氲空蒙。

过了"满天星"，沿崎岖小路行走，一缕飞瀑悬挂在哈巴山腰，因形似观音的山峰耸立在飞瀑旁，当地人就称之为"观音瀑"。过观音瀑不远，就可看见一个叫"核桃园"的小村，小村里每家的房前屋后都栽有粗大的核桃树，村里的民居都被掩映在浓绿青翠中。出核桃园，沿着狭窄的山路前行约 3 千米就可以抵达下虎跳峡。这里地势宽阔，近可看峡，远可观山，驻足于此，回眺玉龙、哈巴，只见峰边嶂合、皑皑白雪。

4. 长江第一湾

　　长江第一湾位于云南省西北部的迪庆藏族自治州香格里拉县南部沙松碧村与丽江市石鼓镇之间，万里长江从"世界屋脊"——青藏高原奔腾而下，在巴塘县城境内进入云南，与澜沧江、怒江一起在横断山脉的高山深谷中穿行，形成了"三江并流"的壮丽景观。到了石鼓镇，突然来了个270度的急转弯后转向东北，形成了罕见的"V"字形大弯，"江流到此成逆转，奔入中原壮大观"，人们称这天下奇观为"长江第一湾"。在夕阳下观看长江第一湾，江面金光耀眼，斑斓无比，耀眼的金光映得四周金黄，而观者也笼罩在金光之中。渔舟往来于青江之上，渔网抛撒处，金珠飞溅，景色奇美。

5. 泸沽湖

　　位于云南省西北地区宁蒗县永宁区与四川省盐源县的交界处，湖面海拔2685米，湖面面积51.8平方千米。湖水清澈，最大能见度为14米，是云南省境内最好的湖泊之一。整个湖泊有5个岛屿、3个半岛，无数沙滩，湖光山色美如仙境。

LINREN XINCHISHENWANG DE CAIYUNZHINAN

泸沽湖内最美的岛屿——里务比岛，又称鸟岛，是候鸟和野鸭的栖息之地。岛的一侧有一簇簇嶙峋的石笋，成为天然的码头。一条蜿蜒的小道通向岛顶，道旁有许多的杜鹃、野樱桃树，花季来临的时候，这里就是一片花的海洋。花丛的尽头是里务比寺，转过寺庙上到岛顶，还可看见一座孤寂的白塔，这是永宁和泸沽湖地区末代土司阿云山的墓塔。塔上刻着他的生平，曾经显赫一时的土司最终在湖中归于宁静。

泸沽湖自然造型十分优美，湖周围山峦环绕，神姿仙态；洲湾堤岛，若隐若现；湖岸曲折婀娜，逶迤伸展。泸沽湖将自然景观和人文景观融为一体，尤其是摩梭人独特的文化和民族风俗使其具有独特而丰富的内涵，在全国乃至全球都是不可替代的世界文化遗产。

在泸沽湖边，居住着一群摩梭人，他们尊崇母为贵、女为贵。母亲之神是摩梭人崇拜的诸神中最崇高、最伟大的神。母亲是摩梭人生活中的中心和依靠，庞大的母系家庭中的成员少则十几人，多则几十人，均由一个或几个外祖母的后裔组成。在母系大家庭中，他们仍采取"男不婚、女不嫁、结合自愿、离散自由"的母系氏族婚姻制度，俗称走婚。即亲密的伴侣之间不存在男娶女嫁，男女双方仍然属于自己原有的家庭。婚姻形式是男方到女方家走访、住宿，次日清晨回到自己家中。双方所生子女属于女方，采用母亲的姓氏，在大家庭的男子们，也就是孩子们的舅舅，就扮演着相当于父亲的角色。整个家庭中，母亲处于支配地位，享有崇高的威望，摩梭人都遵循着"舅掌礼仪母掌财"的不成文的管理制度。

6. 东巴万神园

东巴万神园位于玉龙雪山南麓的玉峰寺旁，背靠玉龙雪山，周围青松绿草环抱，芳草茵茵，百花争艳。神园正门两个巨型图腾柱与雪山主峰形成一条主轴线，轴线中依次排列分布着三个巨型法杖，长 240 米、宽 6 米的神图路，两道神门，三个东巴至尊神。轴线两边广阔的区域左为神域、右为鬼域，分别雕有 300 多樽自然神、护法神、家畜神及各类风流鬼等巨型木雕，千万个神偶以其特有的地域文化特色，在造型和内容上有别于世界上任何一个国家的传统神偶和雕塑。

东巴万神园根据纳西先民朴素的人与自然的哲学理念，对人生和世界的精彩想象，严格按照先民天地神灵观念中阴阳相应、有黑就有白、有神就有鬼而列阵布局的。强调崇尚自然、敬畏自然、人与自然和谐发展，这是东巴万神园的主题所在。

7. 拉市海

"拉市"为古纳西语译名，"拉"为荒坝，"市"为新，意为新的荒坝。拉市海位于丽江县城西面 10 千米处的拉市坝中部，是云南省第一个以"湿地"命名的自然保护区。拉市海原为滇西北古地槽的一部分，中生代燕山运动时褶皱隆起成陆地，至中新世成为一个准平原，随着横断山脉造山运动的发展，到上新世末至更新世初，这个准平原又分割成三个相对高差在 100 ~ 200 米的高原山间盆地，即拉市坝、丽江坝、七河坝。拉市坝是其中最高的坝子，坝中至今仍有一片水域，便称拉市海，湖面海拔 2437 米。

拉市海实为断层构造湖，同时又受石灰岩溶蚀构造作用而成。

LINREN XINCHISHENWANG DE CAIYUNZHINAN

入湖地表水源有南侧的清水河和北侧的美泉河，水文汇水面积265.6平方千米，湖水原从西北侧的溶洞泄出。过去，湖面季节变化显著，雨季水位高，最大蓄水量1.8亿立方米，水面9平方千米，水深可达9米；干季水位下降，甚至干涸。

20世纪80年代以来，先后兴修水利，在落水洞前筑起了一个高大的堤坝，海水再也无法随意流去，而是从海东黄山哨打通的输水隧道，流入丽江城区，拉市海由季节湖变成了保持一定水位的高原湖泊，如镜的湖面倒映着玉龙雪山，越冬水鸟安然栖息或翱翔于蓝天白云之间，构成高原湿地特有的气息。

据调查，目前在拉市海湿地共有鸟类57种，每年来此越冬的鸟类有3万只左右，其中特有珍稀濒危鸟类9种，包括青藏高原特有鸟类斑头雁，国家一级保护鸟类中华秋沙鸭、黑颈鹤、黑鹤等。

8. 老君山

老君山是三江并流风景名胜区的主体部分之一，是云岭主脉在丽江、剑川、兰坪、维西等县区内的总称。老君山连绵盘亘数百里，层层叠叠，时起时伏，主峰海拔4240米，被历代史家称为"滇省众山之祖"，因传说太上老君曾在此炼丹而得名。

老君山景区面积710多平方千米，丰富的高山植被，珍稀动植物，众多的冰蚀湖，奇异的丹霞地貌和纳西族、白族、傈僳族、普米族、彝族等各民族多姿多彩的民风民俗构成老君山景区极具观赏价值和科学考察价值的独特景观。

老君山主要有九十九龙潭片区、金丝石金山玉湖片区、利增滇金丝猴自然保护区、黎明丹霞地貌片区、美乐丹霞地貌片区、新主植物园片区等景点。

九十九龙潭片区在老君山主脊线东北侧海拔3800米以上的山地坳里。潭水来自春天的融雪和夏季的降雨，潭水清澈冰冷，在阳光和花木的映照下呈现出蓝、橙、黄、绿的绚丽色彩。其中最大的黄龙潭深不可测，潭中有棵红珊瑚树露出水面，不时泛起红波。潭水

城市地区

溢出后汇成小溪，形成瀑布，集为小河穿越原始森林，最终奔向金沙江、澜沧江。

景区内的丹霞地貌、奇峰异石、碧湖清溪、密林繁花、高山草甸、冰峰奇峡，令人称绝。每到春夏交替时节，山花烂漫、争奇斗艳，成片的高山大树杜鹃林艳如云霞，冬天到来，又是树挂银花，山披白雪，一派冰天雪地的北国风光。

保山

地理位置

保山市地处云南省西部，位于东经 98°25′~100°02′，北纬 24°08′~25°51′之间。东与大理白族自治州、临沧地区接壤，北与怒江傈僳族自治为邻州，西北与正南同缅甸比邻，拥有国境线 167.78 千米，距昆明 593 千米。

基本情况

【面积】19637 平方千米

【人口】约 246.8 万

其中有少数民族 36 个,世居少数民族 13 个,少数民族人口 24 万。

【别名】兰城

【市花】兰花

【电话区号】0875

【邮政编码】678000

【下辖地区】隆阳区丨施甸县丨腾冲县丨龙陵县丨昌宁县

气候特征

保山市属低纬山地亚热带季风气候，由于地处低纬高原，地形

LINREN XINCHISHENWANG DE CAIYUNZHINAN

地貌复杂。区内最高海拔 3780 米，最低 535 米，形成"一山分四季，十里不同天"的立体气候。气候类型有北热带、南亚热带、中亚热带、北亚热带、南温带、中温带和高原气候共 7 个气候类型。其特点是：年温差小，日温差大，最冷月平均气温 8.2℃，最热月平均气温 21℃，年均气温为 14℃～17℃，夏无酷暑，冬无严寒，四季如春；降水充沛、干湿分明，分布不均，年降雨量 700～2100 毫米。

地貌水文

保山市地处横断山脉滇西纵谷南端，境内地形复杂多样，整个地势自西北向东南延伸倾斜，最低海拔 535 米，最高海拔 3780.9 米，平均海拔 1800 米。最高点为腾冲县境内的高黎贡山"大脑子"峰，海拔 3780.9 米，最低点为龙陵县西南与潞西市交界处的万马河口，海拔 535 米。在群山之间，还镶嵌着大小不一的 78 个山间盆地，最大的保山坝子，面积 149.9 平方千米。

保山市境内江河分属澜沧江、怒江和伊洛瓦底江水系。澜沧江在境内流程 116.5 千米，径流面积 3164 平方千米；怒江在境内流程 252 千米，径流面积 1.05 万平方千米；龙川江（伊洛瓦底江上游）在境内流程 101 千米，径流面积 1070 平方千米。

自然资源

1. 生物资源

由于气候类型的多样化，造就了保山市生物种类繁多，已知的植物有 2200 多种，其中高等植物 1400 多种。高黎贡山国家级自然保护区植物尤为丰富，被誉为"天然植物园"和"稀有植物避难所"，腾冲的大树杜鹃闻名中外。市内有动物兽类 51 种（属国家保护的 21 种），鸟类 229 种。全市森林覆盖率为 42.44%。有林地面积 78 万公顷，主要树种为：松木、杉木和各类软、硬杂木，每年木材产出量达 30 余万立方米。主要经济林木有：核桃、板栗、梅子、银杏等，年产量 10 万吨以上。野生药材、菌类资源种类多，数量大。

2. 矿产资源

已探明的主要矿产资源有铁、钛、铅、锌、锡、铜、铍、硅藻土、硅灰石、硅石、高岭土、大理石等 27 种。其中：龙陵铅、锌矿储量 245 万吨；腾冲铁矿储量 6585 万吨（低硫低磷，平均品位 45% ～50%）；腾冲硅藻土储量 4.7 亿多吨；腾冲硅灰石储量 1.3 亿吨；腾冲高岭土储量 1700 万吨；龙陵硅石储量 1385 万吨；保山坝钛铁矿储量 528 万吨；龙陵煤矿储量 1.14 亿吨。

3. 能源资源

保山的能源资源极为丰富，主要有水能、煤炭、地热能、天然气、太阳能五大资源，开发前景极为广阔。

（1）水能资源：全市跨三大水系（澜沧江、怒江、龙川江），境内段的支流水能资源理论蕴藏量为 489 万千瓦，开发潜力较大。

（2）煤炭资源：主要是低质褐煤，储量超过 1 亿吨的有龙陵镇安煤矿，超过 54 万吨的有昌宁红星煤矿和保山羊邑煤矿。

（3）地热资源：全市有各种热泉 170 余处，圈定热田 10 处，年流出热水约 1.6 亿立方米，热水、热气年携出热量约 23019 亿千卡，相当于燃烧 33 万吨标煤，腾冲地热受到国内外专家的极大关注，有 5 个较大的高温地热田。

（4）天然气：保山盆地两类有效烃源岩分布面积为 73 平方千米，计算远景资源量为 259 亿立方米，已钻三口井，保 1#、保 2#探明储量为 9.6 亿立方米，已开发民用。

（5）太阳能：保山空气清净、光质好、日照时间长，太阳年均辐射量为 5553.7 ～ 5959.8 兆焦耳/平方米，相当于每平方米 189.74 ～203.61 千克标准煤燃烧的发热量。

历史沿革

历史上，保山曾是滇西最早的原始居民"蒲缥人"的栖息地；

LINREN XINCHISHENWANG DE CAIYUNZHINAN

战国中期，为古哀牢国统治中心；公元前109年，汉王朝在此设县置吏，"哀牢转衰"。

公元69年，哀牢王柳貌"内属"，保山市的前身永昌郡宣告成立。文献记载，当时的永昌郡地域极广，大致相当于今滇西、滇南及缅北广大地区，有231897户共1897344人，从面积看为东汉的天下第二大郡。

此后，经历了三国、两晋、南北朝，天子几度易姓，永昌郡制有存有废，辖地亦有伸缩。至唐宋时期，保山先属南诏，为永昌节度，继归大理，前期仍承节度，后改为永昌府。两个地方民族政权都建都大理，又倚保山为其向西发展的基地。

元初，设永昌三千户，隶大理上万户府，后相继改设永昌府、大理金齿等处宣慰司都元帅府（帅府不在大理而在保山）。明代，先后置金齿军民指挥使司、永昌军民府。

"保山"这一今名即首用于明嘉靖三年（公元1524年）设保山县为"府附郭"之时。清代设永昌府，领土府，厅、县、土州、长官司各二及安抚司三，宣抚司五，是全省领州县级政区最多、设治也最复杂的府。

辛亥革命后，1913年废府置县，因为甘肃省金水市有一个县的名称叫永昌，所以易名保山，同时在其原辖地腾冲设腾越道，辖域相当于今保山、临沧、丽江、大理、德宏、怒江、迪庆7地州；1930年裁道设第一殖边督办署，辖12县、10行政区；1940年改设腾龙边区行政监督；1942年设第六区行政督察专员公署，治所移保山；1948年改设第十二行政督察专员公署，治所再移腾冲，辖4县、7设治局。

保山市于2000年12月经国务院批准建立。

令人心驰神往的彩云之南

城市地区

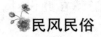

民风民俗

1. 世界杜鹃王

杜鹃花是云南著名的"八大名花"之一，多为小乔木或灌木，而有一种则成长为大树，花朵硕大，俗称大树杜鹃。在腾冲县界头乡大塘村的高黎贡山半腰，有世界上所有的杜鹃花中树型、花朵最大、枝干最粗的品种。中国的大树杜鹃，早在60多年前就曾展示在英国皇家博物馆，轰动了世界的植物学界。那段大树杜鹃的圆盘标本，就取自腾冲县界头大塘的原始森林中。

大树杜鹃择地极严，大部分分布于海拔 2250～2480 米的高黎贡山山腰地带，生长区域较为狭窄。它是世界上已知的杜鹃花植物中最大的一个品种。每年 1～3 月，大树杜鹃亭亭玉立于高黎贡山，满树伞形花序绽放，组成直径约 20 多厘米的花团，鲜红、粉红和淡红色的花朵在绿叶的衬托下，显得华丽、壮观。

2. 腾冲"大救驾"

饵块是云南常见的传统食品之一，是选用优质大米加工制成。制成的饵块色泽洁白、质地细嫩、味美可口。

传说，明末吴三桂打进昆明，南明永历帝桂王朱由榔仓皇逃亡滇西。逃至腾冲，天色已晚，就在一村子里住下，房屋的主人炒了一盘饵块让其充饥。这位落难皇帝本是深宫弱质，又经数月长途奔波、历尽艰辛的劫难生活，进食饵块时觉得如食山珍海味，遂言"真乃救驾也"。从此，腾冲饵块名声远扬，并誉为"大救驾"。

3. 端阳花街

在每年的农历五月初五，也就是端午节，保山的各族人民都会参加端阳花街，这是保山各族人民的传统盛会。届时上市花卉有数十万盆（株），使得保山满城都是争奇斗艳的鲜花，其中又以兰花居多。

如今的端阳花街也是大型综合博览会，花药鸟虫、土特产品、

LINREN XINCHISHENWANG DE CAIYUNZHINAN

日用百货一应俱全，全城张灯结彩，货棚琳琅满目，中外人士，商贾名流，纷至沓来，蔚为大观。

4. 傈僳族刀杆节

每年的农历二月初七，居住在保山腾冲、龙陵县的傈僳族，都要举行惊险的刀杆节。刀杆节是傈僳族人民自然崇拜的产物，更是傈僳族人民爱国主义精神和不畏艰险的民族精神的体现。

每年的这一天，人们都穿上节日的盛装，成群结队地来到"刀杆节"会场，观看"上刀山，下火海"活动。"上刀山，下火海"包括点花、点刀、耍刀、迎花、设坛、祭刀杆、竖杆、祭龙、上刀、折刀、下火海等步骤，其间有一套严格的仪式。上刀山和下火海是仪式中最为惊心动魄的环节。

刀杆节前夕，熊熊烈火映红天际，声声芒锣在山谷回荡。人们从四面八方涌向火堆，参加刀杆节的开幕式——"跳火海"。在阵阵鞭炮和锣鼓声中，首先由七八名"香通"（上刀杆表演者）为众人表演"跳火舞"。他们上身裸露，光着脚，模仿各种禽兽的动作，在一堆堆烧红的木炭上来回跳动，还不时抓炭火在自己身上揩抹，圆浑的火球在手中翻滚、搓揉。他们毫不畏惧地在火堆里跳来跳去，并将烧红的铁链在手上传来传去，表现出英勇无畏的精神。他们认为经过了火的洗礼，就意味着在新的一年里能消除各种灾难。

次日上午举行"上刀杆"的活动。会场中央，矗立着两根约20米高的粗大栗树干，木杆上绑有36把锋利的长刀，每把刀相距尺许，刀刃全部朝上，银光闪闪，形成一架高得让人生畏的刀梯。就在人们敬畏担忧之时，上刀杆必不可少的祭祀开始了，几个穿着红衣裳，头戴红包头，光着脚的勇士健步来到刀杆下，跪在一幅古代武将画像前，双手举杯过头，口中念念有词，接着将酒一饮而尽。

在鞭炮和锣鼓声中，勇士纵身跃起，轻盈敏捷地爬上刀杆，赤脚蹬在锋利的刀刃上，双手抓着刀梯，一步一步往上爬。他们上到杆顶后，依次进行开天门、挂红、撒谷等表演。最先爬上顶端的人，

还要作高难度倒立动作，燃放鞭炮。几千名观众仰首观望，不时爆发出阵阵喝彩声。最后，"上刀杆"的勇士齐聚杆顶，以示胜利，然后把一面面小红旗掷向四方八面，祝愿傈僳儿女大吉大利。最后，勇士从容地脚踩锋利的刀刃，一级级次第而下，待他们平安站立在草坪上时，一个个神情自若，皮肉无一损伤。

傈僳族的刀杆节不仅是为了祈求本民族来年的富强吉祥，更是表现了傈僳儿女的大无畏精神。

2006 年 5 月 20 日，傈僳族刀杆节经国务院批准列入第一批国家级非物质文化遗产名录。

名胜景点

1. 云峰山

云峰山又称仙山，是道教圣地，在滇西以及缅甸北部有一定的影响。

云峰山位于腾冲县城西北约 50 千米的固东区的云峰乡旁，远看形如玉笋挺立，直插天际，因峰腰常常云雾缭绕，故名"云峰山"。云峰山以其"山高谷深，陡峭险峻"而著称。山上一千多级"云梯三折"直通山顶，最陡处的 43 级石阶近乎垂直。云梯两旁是万丈深渊，令人目眩心惊。很久以前，有人不畏艰险，在云峰山顶劈崖建了云峰寺，远远望去，犹如仙境。

云峰山上的"云梯三折"是腾冲的胜景之一，宽不足 1 米的 2685 级石梯，蜿蜒曲折直通山顶的云峰寺。云峰寺建在两亩见方、海拔 2445 米高的云峰山顶上，两侧是万丈深渊，房檐屋角半悬于空中。入天门前为吕祖殿，正殿为玉皇殿，后为老君殿，老君殿后，群山如林，云雾缭绕。整座道观屹立峰顶，极其雄伟壮观。

2. 热海大滚锅

热海位于腾冲县城西南 20 千米处，北起硫黄塘，南止松木箐，东起忠孝寺，西到芭蕉园，面积约 9 平方千米。

在热海有一个美丽的传说：很久以前，这里天寒地冻，人们过着贫困的生活。有一位善良的老人想尽各种办法、历尽各种磨难想要使这里变成温暖富饶的地方，人们能过上幸福的生活。老人的诚心最终感动了神仙，神仙给了他一颗宝珠。老人把宝珠含在嘴里，顿时感到心中十分灼热，他一口气喝干了几条河的水，最后化为一条能吐热水的龙。最后，凡是在这条龙歇过脚的地方，就有数不清的热泉，这一带也因此成为四季温暖如春，富饶的地方。

热海最典型、壮观的是"大滚锅"，它是腾冲热度最高的沸泉。主泉口为直径 3 米、深 1 米左右的圆形沸泉塘，塘面水温为 88℃ ~ 89℃，西北角塘边的小沸泉温度可达到 96.6℃，有硫磺气味。人们可以在塘边挂煮鸡蛋，立等可食。

"大滚锅"的水常年呈沸腾状，水声隆隆，咆哮翻滚，锅壁镶有一层白色硅，更加衬出塘水澄碧清澈。每日清晨，滚锅附近气雾弥漫，伸手不见五指，深入后，有感觉进入仙境一般。

3. 火山国家公园

腾冲火山国家公园是我国第一座火山公园。云南腾冲、黑龙江五大连池、山西大同、新疆于田并称中国的四大火山王国。其中，腾冲火山群规模最为宏大，保存最完整、最壮观，也是最具代表性。

腾冲县境内共分布有 8 大火山群，大小火山 97 座，熔岩流面积达 1038 平方千米。科学研究表明，腾冲火山群是中国最典型的第四纪新生代火山，在全世界也属于最年轻的火山群之一，被誉为天然的"火山地质博物馆"。

目前火山口保存最完整、有较高科考和观赏价值的是距腾冲县城 20 千米的马站火山群，有大空山、小空山、黑空山、城子楼山、大团山、小团山、长坡山、打鹰山以及距城 4 千米的马鞍山、老龟坡火山等 22 座，像一个个精艺盆景，极为壮观。站在大空山顶，北面的黑空山，南面的小空山及周围的火山群，将随视野无限展开，大面积势若奔腾的熔岩流凝成的石山以及巧夺天工的火山溶洞，幽静神秘，千姿百态。

4. 和顺侨乡

和顺乡在腾冲县城南 4 千米，旧称阳温暾村，因有河顺乡流过，故改为"和（河）顺"。和顺乡是著名的侨乡，归侨和侨眷占全乡人口的 80%。华侨主要分布在缅甸、印度、泰国、印尼、新加坡、日本、美国等十多个国家。

自古以来，和顺就是一个文化发达，地灵人杰的地方。走进和顺乡，只见古朴典雅的祠堂、牌坊、月台、亭阁、石栏比比皆是，记载了侨乡曾经繁盛一时的历史和传统深厚的文化积淀。河边依依的杨柳，碧波荡漾的池塘，亭亭玉立的荷花，把侨乡的田园风光装点得更加妩媚。水碓是和顺的名景，这里的风光如诗如画，青山如黛，绿影婆娑。碧波粼粼的元龙潭如一面明镜，倒映出古色古香的元龙阁，使人兴味无穷，流连忘返。

走进和顺村，只见全乡住宅从东到西，环山而建，渐深渐高，房舍密集，修缮良好，粉墙黛瓦，整洁美观。有为数不少的宽敞院落，但居住的人很少，因主人多侨居国外，住房仅托亲友代管。村

LINREN XINCHISHENWANG DE CAIYUNZHINAN

中的大路小巷，全为石条镶砌，平整光洁；甚至村前的田埂上，村后芭蕉关的关坡上，也铺有石条。腾冲多雨，在别处泥泞难行，在这里却不烂不滑。环村而过的清溪上，一座座洗衣亭跨河而建。亭多为两间平房大小，房顶四角微翘，水上立有井字形石条，旁设木条凳。泉从石下流过，触手可及。村民在这里洗衣洗菜，晴天避热，阴天避雨，从田里做活回来，也可在此冲洗纳凉。村旁路边，巷口街傍，常有一座座半圆形的月台，地面平展，围有护栏，中有石凳，上覆大青树，每当傍晚，老人相聚谈天，小孩戏耍其间，一片欢声笑语。

　　在和顺，还有一座中国最大的农村图书馆——和顺图书馆。和顺图书馆建于 1924 年，位于和顺乡双虹桥畔，依山而建，两条小河从门前流过，环境幽雅，馆舍华丽。图书馆的前身是 1924 年创办的"阅书报社"，1928 年由该乡华侨集资，在其基础上创办了"和顺图书馆"。这里有"文化之库"之誉，廖承志、胡适先后题写过"和顺图书馆"馆名。图书馆的第一道大门气宇轩昂，进入牌楼式大门后，登石级而上至拱形中门，此门是仿苏州原东吴大学门面建造的三孔西式铁门，空灵秀美。穿过花园进入两层高的图书馆主楼。主楼为五开间，正面两侧突出两个半六角亭，玲珑别致。图书馆藏书7万余册，在中国乡村文化界堪称第一。

5. 国殇墓园

在腾冲的来凤山下，气势雄浑的叠水河边，长眠着抗日远征军的八千英灵。这就是建于祖国西南"极边第一城"腾冲的国殇墓园。

腾冲国殇墓园始建于1945年1月，占地80余亩，是腾冲人民为纪念中国远征军第二十集团军攻克腾冲阵亡将士而建立的陵园，也是全国建立最早、规模宏大的抗日烈士陵园。

1944年夏，为了完成打通中缅公路与应密支那驻印军作战的战略计划，中国远征军第二十集团军以六个师的兵力向占据腾冲达两年之久的侵华日军发起反攻，经历大小战斗80余次，于9月14日收复腾冲城，敌囚藏重康美大佐联队长及以下6000余人全部被歼，我军亦阵亡少将团长李颐、覃子斌等将士8000余人，地方武装阵亡官兵1000余人，盟军（美）阵亡将士19名。

国殇墓园由烈士墓、纪念塔、忠烈祠、园林和大门组成。墓园山顶，玄色火山岩高塔直插云霄；在碧绿的松柏青草之间，3168块

LINREN XINCHISHENWANG DE CAIYUNZHINAN

墓碑行行对对覆满了整个山坡。墓碑很小，碑文仅有职务和姓名，但它与忠烈祠内珍藏的历史照片却突现着令人扼腕的往事。大门右侧有"倭冢"一座，葬敌尸一具，李根源书"倭冢"二字，立一碑，作为日本侵略军惨败和"长跪请罪"的象征。

6. 北海湿地

腾冲北海湿地保护区，位于县城西北向，距城 12.5 千米，是 1994 年 12 月国家首批公布的全国 33 处国家重点湿地之一，也是云南省唯一的国家湿地保护区。

保护区面积 16.29 平万千米，北海面积 0.46 平方千米，其中水面面积 0.14 平方千米，海排面积 0.32 平方千米，北海湿地保护区四面环山，地理位置特殊，属高原火山堰塞湖生态系统，大片漂浮于水面的陆地犹如五彩缤纷的巨型花毯，具有生物多样性复杂、生产力极高的特征。

四月中下旬的北海湿地是最美丽的，那时北海兰花竞相开放，美不胜收。秋天时，空气里飘着草叶的清香，芦苇丛中不时传来嘎嘎的野鸭叫，泛舟湖面，宛若置身在大草原，只不过这片"大草原"是漂浮在水上的。

北海湿地具有极高的生态旅游观光价值与科考价值。腾冲北海湿地保护区现由县旅游局、环保局、打苴乡政府合资成立北海湿地生态旅游发展有限公司，对保护区进行生态旅游保护性开发，现已初步完成北海湿地保护区一期工程，建成了相应的旅游服务配套设施。

7. 叠水河瀑布

大盈江从北向南贯穿腾冲坝子，在流经云南腾冲县城西 1 千米的地面时，遇到 1 个巨大的断层崖。崖旁三峰突起，比肩兀立，水从左峡夺路而出，从 46 米高的崖头跌下深潭，然后继续奔涌向前。这里河水仿佛被叠为二折，故俗称叠水河瀑布。

瀑布飞泻岩顶，巨石蹲立，若龟似鳖，形态各异。距水口数十步，架有 1 座双悬壁式结构的太极桥，桥上建有一方形石亭，四角

以方柱支撑，顶棚内镌刻太极图，亭下立石碑1座，刻有"滇西都督、大理提督张绍三（文光）于民国二年九月创建，李根源书"等字样。此桥造型美观，工艺精湛。

LINREN XINCHISHENWANG DE CAIYUNZHINAN

　　叠水河西岸，有寺雄踞峰巅，名为龙光台，为三峰的中峰。从太极桥前沿中峰而上，过电站，至山门。大门正面为北洋军阀政府总统黎元洪题额"龙光台"三字，背面为著名书法家吴昌硕书写的篆书"龙光台"三字，古朴挺秀，为书中佳品。过山门，石径三曲，至观瀑台。台为半圆形，前有石栏凭借，中有巨松垂盖，下有石桌石凳可以小憩。历代骚人墨客、文人雅士，常在此凭栏观瀑饮酒赋诗，并留下了不少诗词歌赋。

玉溪

地理位置

玉溪市地处云南省中部，位于东经 101°16′~103°09′，北纬 23°19′~24°53′之间，区域最大横距 172 千米，最大纵距 163.5 千米。北接昆明市，西南连普洱市，东南邻红河哈尼族彝族自治州，西北靠楚雄彝族自治州，是距省会昆明最近的地级市。

基本情况

【面积】15285 平方千米

【人口】约 210 万

【电话区号】0877

【邮政编码】653100

【下辖地区】红塔区｜江川县｜澄江县｜通海县｜华宁县｜易门县｜峨山彝族自治县｜新平彝族傣族自治县｜元江哈尼族彝族傣族自治县

地貌与气候

玉溪地貌错综复杂，山地、峡谷、高原、盆地交错分布，地势西北高、东南低，海拔最高处的是新平县的哀牢山主峰，海拔3166米；最低处是元江河谷，海拔仅 328 米。年平均气温 17.4℃~23.8℃，年降水量670~2412 毫米，立体气候的特征十分明显，既有四季如春的山区平坝，也有被称为"天然温室"的谷地。

自然资源

玉溪拥有抚仙湖、星云湖、杞麓湖三个高原湖泊，是很好的避

暑度假胜地。境内河流分属珠江水系和红河水系。

玉溪的部分地区还保存有古老的原始森林及丰富的野生动植物资源。全区大部分地区以种植粮食作物为主，被人们誉为"滇中粮仓"、"鱼米之乡"；玉溪也是最早种植烤烟的地区，品质优良，尤以烟叶闻名中外，被誉为"云烟之乡"。区内的红塔集团是闻名全国的烟草企业。

历史沿革

公元前 279 年，楚将军庄蹻入滇。

公元前 109 年，西汉兵临滇，滇王降，汉武帝赐滇王王印，并置益州郡，郡建置滇池县（今晋宁）、双柏县（今易门）、俞元县（今峨山）等 24 个县。

蜀汉时建置俞元县，隶属益州建宁郡。

隋代建置西爨地，隶属宁州总管府。

唐代建置求州，隶属南宁州都督府。

宋代时为大理国所属，建置温富州休制部，隶属河阳郡。

元代建置温富千户所，辖部傍千户所、普舍千户所、研和千户所，隶属云南中路罗伽万户府；后设新兴州，辖休纳县、普舍县、研和县，隶属云南行中书省澄江路。

明代分属昆阳州、澄江府、临安府、宁州、元江府。

清承明制，分属云南府、澄江府、临安州、新兴州、元江直隶州等。

1949 年 12 月 18 日，玉溪军事管制委员会成立，玉溪和平解放。

1950 年 1 月 1 日，滇中区人民行政专员公署（同年 3 月改称玉溪行政专员公署）和玉溪县人民政府成立。

1958 年 10 月，玉溪、江川两县合并称玉溪县。

1961 年 10 月，玉溪、江川两县分开。

1983 年 9 月 9 日，玉溪县撤县建县级玉溪市。

1997 年 12 月 13 日，撤玉溪地区建地级玉溪市，撤县级玉溪市建红塔区。

名胜景点

1. 抚仙湖

抚仙湖位于澄江、江川、华宁三县间，距昆明 60 多千米。湖面面积 216 平方千米，仅次于滇池和洱海，为云南第三大湖。湖最深处为 155 米，是云南第一深水湖泊，也是我国已知的第二深水湖泊。抚仙湖含磷高，污染少，湖面呈碧蓝色，透明度达 7 米左右，湖水年平均水温 17℃。湖畔沙滩洁净细软，湖中还有一特产——抗浪鱼。抚仙湖流域内土地肥沃、物产丰富。

抚仙湖是一个高原断层溶蚀湖泊，湖面海拔 1720 米，三面环山，一面接着澄江坝子。抚仙湖北部宽阔而深，南部狭小而浅，中部细长，形似葫芦。抚仙湖湖底不平，到处是岩石暗礁，起伏很大。湖水主要来自雨水聚积，并南有上游星云湖注入，北有澄江梁王河、东大河、西大河和西龙潭、热水塘的泉水流入，东面的海口河是唯一的出水口。

抚仙湖山川秀丽，胜景很多。西面的尖山平地拔起，状如玉笋，雄伟峻峭，被称为"玉笋擎天"；东部有温泉，当地叫热水塘，泉口甚多，从山脚一直延伸到湖底，涌水量大，水温一般在40℃左右，水质含硫，是沐浴、疗养的理想之地；东北面的回龙山如大象长鼻，故称象鼻岭；西南面，原有两个小岛，名大孤山和小孤山。在明代时曾建一座"饮虹桥"把两岛连接起来，但是在明末时期，因为地质原因使饮虹桥和小孤山消失不见，现只存大孤山。大孤山成椭圆形，似如鸡蛋，面积约0.5平方千米，岛上有岩洞，还有山峰，比湖面高40多米，面水一侧多断岩，岛中央旧有千岁松柏，为宋时大理国段氏所遗，但早已焚毁。

2. 秀山

秀山位于通海县城南，与昆明金马山、昆明碧鸡山、大理点苍山同列云南四大名山，总面积67.4平方千米。秀山园林始建于汉代，史载"唐代山上始建庙宇，元、明、清时遂成佛教圣地"，经过千余年的扩建和修缮，成为云南四大名山之一。秀山曾经是云南佛教圣地，涌金寺、清凉寺、普光寺等都是山上重要的寺院。山上花木繁茂、匾额众多，翠树苍林间错落有致地分布着众多古寺观，也是我国对联最多的公园。

秀山最古老的寺院有三：一是山麓之句町王庙，可是现在已废。据说是大理国王段思平所建；二是庙之东的三元宫，寺内尚有砖石堆砌的"畔金塔"。寺外石岩下，芳草鲜美、杂树丰茂，畔富坐化墓位于其间；三是年代古老而规模最大的位于秀山峰顶的涌金寺，相传建于西汉，晚唐及元时扩建。寺庙规模宏伟、殿阁雅丽。

秀山建筑的设计和布局都颇具匠心。秀山有7座亭：在登瀛桥东有挹秀亭，枝叶拂着亭沿，美不胜收。在竺国宫前杪林岩石上供人促膝长谈的绿杉亭。在红云殿的西侧有逋瓮亭，海月楼之西有寄亭，清凉台下东侧有三才亭，慈仁寺之东北山顶有曼倩鸿亭。由清凉台往西，与西山相对的松林里便是凤议亭。秀山的楼房，均面北

LINREN XINCHISHENWANG DE CAIYUNZHINAN

向湖修建，且都包孕于几大主要寺庙之中。

3. 星云湖

星云湖位于玉溪市江川县城北 1 千米处，与抚仙湖一山之隔，一河相连，俗称江川海。星云湖唐代称"利水"，俗称"浪广海"、"江川海"。

星云湖为高原断层淡水湖，呈肾形。湖面海拔 1722 米，南北长 10.5 千米，东西宽平均 3.8 千米，湖泊面积 34.7 平方千米，径流面积 378 平方千米，最大容水量 1.84 亿立方米，年平均来水量 0.825 亿立方米，一般水深 4~5 米，最大水深 10 米，冬季水温在 8℃以上。

星云湖鱼类资源丰富，共分别隶属于 5 科 19 种。主要为鲤科，其次为鳅科、合鳃科、鳢科、鲶科等。星云湖鱼的种类有青鱼、草鱼、鲢鱼、鳙鱼、大头鱼、鲫鱼、星云白鱼、杞麓鲤、鲤鱼、华南鲤、太湖短吻银鱼、云南倒刺鲃、乌鳢、细须鲶、滇池高背鲫鱼、麦穗鱼、泥鳅、黄鳝。上述鱼类除青鱼、草鱼、鲢鱼、鲂鱼、滇池高背鲫鱼、华南鲤、太湖短吻银鱼、麦穗鱼属人工移入外，其余均为土著鱼。星云湖属营养性湖泊，是发展水产养殖业的天然场所，也是云南省有专业部门繁殖和放养鱼类的湖泊，素以单位产量高而著称。星云湖湖底平缓，水深适中，浮游动物、浮游生物和底栖生物丰富，因而所产鱼类不但数量多，生长快，而且质量特别高。

红河哈尼族彝族自治州

地理位置

红河哈尼族彝族自治州位于云南省南部，东与文山壮族苗族自治州相接，西北与玉溪地区为邻，西南与思茅地区接壤，东北与曲靖相连，南部与越南毗邻。

基本情况

【面积】32900 平方千米

【人口】约 424.2 万

【电话区码】0873

【邮政编码】66140

【下辖地区】蒙自县 | 个旧市 | 开远市 | 绿春县 | 建水县 | 石屏县 | 弥勒县 | 泸西县 | 元阳县 | 红河县 | 金平苗族瑶族傣族自治县 | 河口瑶族自治县 | 屏边苗族自治县

地貌特征

红河哈尼族自治州地势西北高，东南低。地形以元江为界，元江以东属于滇东高原区，元江以西为横断山纵谷的哀牢山区。全州最高处为金平县西南部的西隆山，海拔 3074 米；最低处在河口县南溪河口，海拔 76.4 米。境内河流分属红河、南盘江（珠江）两大水系。红河发源于云南省中部，由西北向东南奔流，上游有东、西两条主要干流，东干流发源于楚雄州绿丰县境，称东河；西干流发源于大理白族自治州巍山县境，称大西河。两河在楚雄双柏、玉溪新平县界交汇，水量骤增。中游进入红河哈尼族彝族自治州，流经红河、石屏、元阳、建水、个旧、金平、蒙自、河口等县市境，在河口县城旧街处与南溪河汇合后流入越南，经河内市注入南海北部湾，在下游形成了富饶的红河三角洲。

名胜景点

1. 元阳梯田

元阳梯田位于元阳县的哀牢山南部，是哈尼族人世世代代留下的杰作。元阳梯田规模宏大，气势磅礴，绵延整个红河南岸的红河、

LINREN XINCHISHENWANG DE CAIYUNZHINAN

元阳、绿春及金平县，仅元阳县境内就有 17 万亩梯田，是红河哈尼梯田的核心区。

元阳县境内全是崇山峻岭，所有的梯田都修筑在山坡上，梯田坡度在 15°～75°。以一座山坡而论，梯田最高级数达 3000 级，这在中外梯田景观中是罕见的。元阳哈尼梯田主要有 3 大景区：坝达景区包括箐口、全福庄、麻栗寨、主鲁等连片的 14000 多亩梯田；老虎嘴景区包括勐品、硐浦、阿勐控、保山寨等近 6000 亩梯田；多依树景区包括多依树、爱春、大瓦遮等连片上万亩梯田。如此众多的梯田，在茫茫森林的掩映中，在漫漫云海的覆盖下，构成了神奇壮丽的景观。

元阳哈尼梯田生态系统呈现着以下特点：每一个村寨的上方，必然矗立着茂密的森林，提供着水、用材、薪炭之源，其中以神圣不可侵犯的寨神林为特征；村寨下方是层层相叠的千百级梯田，那里提供着哈尼人生存发展的基本条件——粮食；中间的村寨由座座古意盎然的蘑菇房组合而成，形成人们安度人生的居所。这一结构被文化生态学家盛赞为江河——森林——村寨——梯田四度同构的人与自然高度协调的、可持续发展的、良性循环的生态系统，这就是千百年来哈尼人民生息繁衍的美丽家园。

2. 屏边大围山自然保护区

红河屏边大围山自然保护区坐落在云南屏边县城东北角，是云南省人民政府批准建立的省级自然保护区。保护区南北长 30 千米，东西宽 6 千米，总面积 23 万亩。保护区属热带森林生态类型，保存着类型多样的森林生态系统和丰富的珍稀动植物种群。雄伟嵯峨的山体，使原始森林的自然景观壮美迷人。保护区内最高海拔 2365 米，次高峰大尖山海拔 2354 米，最低海拔 225 米。

大围山风景区地处北回归线以南，历史上未受过第四纪冰川袭击，直接从古老的地史时期延续和演化过来，森林植被丰富复杂，有高等植物 170 科，约 1050 种，其中树蕨、长蕊木兰、鸡毛松、福建相等 25 种已被列为珍稀保护树种。大围山的动物资源也很丰富，黑长臂猿、蜂猴、金猫、云豹、水鹿、懒猴、巨蜥、原鸡、金鸡、孔雀雉等 20 多种动物被国家列为等级保护动物。

3. 石屏

石屏县红河哈尼族彝族自治州西北部，东邻建水，南接红河，西连新平、元江，北交通海、峨山等县。石屏气候宜人，青山绿水、河流纵横，是有名的鱼米之乡、豆腐之乡、兰花之乡、柑橘之乡、杨梅之乡，民间食品在云南省享有盛誉。

石屏县境内四季如春，山上均有奇花异草，珍禽名果。境内有异龙湖、赤瑞湖两个天然湖泊，到了湖中万亩荷花盛开的季节，景色颇为壮丽。石屏县自然景观，人文景观众多，自古以来民风纯朴，知书识礼，儒风沿存，素有"钟灵毓秀，人才辈出"之赞誉。

（1）自然景观，石屏境内的自然景观主要有海阔天空的高原湖泊异龙湖，富有神话传奇色彩的石屏峰、云台石和仙人座，高山草原大冷山草场，具有较好治病疗养功能的热水塘温泉，梦幻世界的小河底，卡斯特地貌的乾阳古洞，一派田园风光的赤瑞湖以及北部山区的原始森林等。这些景观基本保持着古朴自然、清新秀丽的特点，且分布相对集中，是石屏旅游业发展最基本的依托和基础。

（2）人文景观，石屏自古重教兴文，历史文化积淀深厚，被誉为"文献名邦"。石屏能工巧匠辈出，兴建了大批独具民族特色，深厚文化底蕴的古民居、古建筑，楼亭庙宇随处可见。列为各级文物保护单位达25处，中省级文物保护单位主要有袁嘉谷故居、来鹤亭、陈氏宗祠、郑氏宗祠、陈氏民居等。这些古建筑设计独具匠心，造型别致精巧，雕梁画栋，记载陈述着石屏经济社会发展的繁荣衰落的历史，极具历史文化科考价值。特别是秀山寺中殿楼供奉着佛、道、儒始祖神像，三教合一，表明了石屏文化的广蓄并收，博大精深。

（3）民族风情，石屏是著名的"民族歌舞之乡"，全国有名的彝族海菜腔、烟盒舞的发源地，拥有着彝调、花腰歌舞、响杆舞、朴喇鼓舞、哈尼丧棒舞、哈尼音乐、傣族毫舞等一系列民族民间歌舞。海菜腔为滇南四大名腔之首，曲调优美动听，万事万物经口即成诗句。闻名遐迩的烟盒舞，伴以热烈的四弦声和清脆悦耳的烟盒声，韵律刚柔相济，形象生动，妙趣横生，曾两度进京怀仁堂表演，深受中央领导的好评。

文山壮族苗族自治州

地理位置

文山壮族苗族自治州地处云南省东南部，东与广西百色市接壤，南与越南接界，西与红河哈尼族彝族自治州毗邻，北与曲靖市相连，东西横距 255 千米，南北纵距 190 千米。

基本情况

【面积】32239 平方千米

【人口】约 343 万

【电话区号】0876

【邮政编码】663000

地势气候

文山壮族苗族自治州地势西北高、东南低，平均海拔在 1000 ~ 1800 米之间，最高点是文山县的薄竹山，海拔 2991.2 米，最低点是麻栗坡县的船头，海拔 107 米。文山壮族苗族自治州年平均气温 19℃，年降雨量 779 毫米，全年无霜期 356 天，日照时数 2228.9 小时，多为亚热带气候。

自然资源

文山享有"三七之乡"的美誉，全州土地辽阔，自然条件优越，物产丰富。生物资源、水能资源、矿产资源、旅游资源都有较好的优势，开发前景良好。开化"三七"、广南"八宝米"、丘北"辣子"等都是名特产，富宁是中国"八角"的主要产区之一。矿产多、储量大、品位高，有多种有色金属，其中：锡、锑、锰矿储量分居全国的第二、三、八位。

1. 农业资源

文山壮族苗族自治州农业粮食作物主要以稻谷、包谷、小麦等为主，是全国商品粮基地县之一。经济作物以三七、甘蔗、烤烟、油料、蔬菜为主，全县三七种植面积保持在 3 万亩以上，是全国最大的三七生产基地和三七药材交易市场，三七产量、质量、产值均为全国第一。以三七为原料的药品、保健品等系列产品加工企业 25 户，品种 36 种，文山壮族苗族自治州的三七开发已具一定规模，目前正在建设"中国三七产业园区"，三七产业正在崛起，正在壮大，正在为文山壮族苗族自治州的发展发挥着日益重要的作用。

2. 矿产资源

LINREN XINCHISHENWANG DE CAIYUNZHINAN

文山壮族苗族自治州矿产资源尤为丰富。目前境内已发现的矿产达24种，矿床和矿点91个，钨、银、锰、铝、锌、花岗岩、石灰岩为优势矿种。锰矿储量97万吨，钨矿24966吨，铝土矿1373万吨，银矿金属量319吨，砷矿12.5万吨，花岗岩281万立方米，石灰岩21972万吨，铅锌矿68万吨。在铜、铁、铝矿中还伴有铌、镉、硒等稀有金属。

民风民俗

1. 壮族

壮族，是我国人口最多的少数民族，主要分布在广西壮族自治区、云南、广东和贵州等省区，壮族是一个具有悠久历史和灿烂文化的民族，拥有自己的语言。壮族妇女擅长纺织和刺绣，所织的壮布和壮锦，均以图案精美和色彩艳丽著称，还有风格别致的"蜡染"也为人们所称道。在服饰上男子与汉族无多大区别，女子则多姿多彩，妇女特别喜欢在鞋、帽、胸兜上用五色丝线绣上花纹：人物、鸟兽、花卉，五花八门，色彩斑斓。

2. 苗族

苗族，是一个发源于中国的国际性的民族，主要分布在贵州、湖南、云南、湖北、海南、等省。苗族的历史悠久，在中国古代典籍中，早就有关于5000多年前苗族先民的记载，苗族的先祖可追溯到原始社会时代活跃于中原地区的蚩尤部落。

苗家的姑娘最爱穿百褶裙，一条裙子上的褶有500多个，而且层数很多，有的多达三四十层。这些裙子从纺织布到漂染缝制，一直到最后绘图绣花，都是姑娘们自己独立完成，再加上亲手刺绣的花腰带，花胸兜，真是异彩纷呈，美不胜收。

喜戴银饰是苗族姑娘的天性，她们挽发髻于头顶，戴上高约20厘米、制作精美的银花冠，花冠前方插有6根高低不齐的银翘翅，上面大都打制着二龙戏珠、蝴蝶探花、丹凤朝阳、百鸟朝凤、游鱼

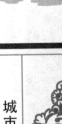

戏水图案。苗家银饰的工艺，华丽考究、巧夺天工，充分显示了苗族人民的智慧和才能。

3. 瑶族

瑶族是我国的少数民族之一，主要分布在广西壮族自治区、湖南、云南、广东、贵州等省区。瑶族有自己的语言，但支系比较复杂，各地差别很大，有的甚至互相不能通话，通用汉语或壮语。

瑶族各支系服饰存在较大差异，男子服装以青蓝色为基本色调，以对襟、斜襟、琵琶襟短衣为主，也有的穿交领长衫，配长短不一的裤子，扎头巾、打绑腿，朴实无华。

瑶族妇女服饰有穿大襟上衣，束腰着裤的；有穿圆领短衣，下着百褶裙的；还有穿长衫配长裤的。瑶族服饰的挑花构图风格独特，整幅图案均为几何纹。瑶族头饰特点更为突出，有"龙盘"形、"A"字形、"飞燕"形等。瑶族染织业发达，服装均用自染的土布制作，有一套完整的蓝靛印染技术，色彩常用红、绿、黄、白、黑五种，服饰制作采用挑花、刺绣、织锦、蜡染等工艺。

名胜景点

乐西石阙

乐西石阙位于文山县德厚乐西村宝山上，建于清嘉庆二十年（1815 年），石质。石阙台基呈正方形，高 55 厘米，上建一石座，顶置石雕宝珠 1 颗。石座四周刻春牛图、云朝龙、蚌、螃蟹、山羊、荷花等图案，石阙东西面门杠两旁个各有一幅对联，东门联为"保村庄千年是福主，佑黎庶万载为神"，西门对联为"凛凛威风群雄俱伏首，巍巍德赦万姓盖归心"，门额刻"泽被东土"，东西两门各有八字形石矮墙。南北石墙刻画现今已不存，西石墙右刻三国故事人物，左刻八仙过海图。

LINREN XINCHISHENWANG DE CAIYUNZHINAN

大理白族自治州

地理位置

大理白族自治州地处云南省中部偏西，位于东经 98°52′～101°03′，北纬 24°41′～26°42′之间，东西最大横距达 320 多千米，南北最大纵距达 270 多千米。东邻楚雄州，南靠普洱、临沧二市，西与保山市、怒江州相连，北接丽江市。自治州首府驻大理市下关，距昆明市 338 千米。

基本情况

【面积】29459 平方千米

【人口】约 347.48 万

【市花】杜鹃

【电话区号】0872

【邮政编码】671000

【下辖地区】大理市丨祥云县丨宾川县丨弥渡县丨永平县丨云龙县丨洱源县丨剑川县丨鹤庆县丨漾濞彝族自治县丨南涧彝族自治县丨巍山彝族回族自治县

地形与气候

大理白族自治州地处云贵高原与横断山脉结合部位，地势西北高、东南低，地貌复杂多样。点苍山（苍山）以西为高山峡谷区，点苍山（苍山）以东、祥云以西为中山陡坡地形。

大理白族自治州内的山脉主要属云岭山脉及怒山山脉，位于州境中部的点苍山，如拱似屏，巍峨挺拔。北部剑川县与怒江州兰坪白族自治县交界处的雪斑山是州内群山的最高峰，海拔 4295 米，最低点是云龙县怒江边的红旗坝，海拔 730 米。州内湖盆众多，面积在 1.5 平方千米以上的盆地（坝子）有 18 个，面积共 71.49 平方千米，占全州总面积的 6.6%。盆地多为线形盆地，呈带状分布，从西向东排列为 6 个带。第四纪山岳冰川遗址分布于洱海以西，永平县以北的高山区，大理点苍山（苍山）是我国最后一次冰期"大理冰期"的命名地。

大理白族自治州地处低纬高原，在低纬度高海拔地理条件综合影响下，形成了低纬高原的季风气候特点：

（1）四季温差小

大理白族自治州较接近北回归线，太阳辐射角度较大且变化幅度小，年均气温在 12.2℃～18.9℃，有年温差小，四季不明显的气候特点，"四时之气，常如初春，寒止于凉，暑止于温"，四季温差不大。

LINREN XINCHISHENWANG DE CAIYUNZHINAN

月份	一	二	三	四	五	六	七	八	九	十	十一	十二
平均气温℃	8.6	10.5	14.5	17.5	20.5	20.8	20.8	20.1	18.5	16.0	11.7	8.3

（2）干湿季分明

大理白族自治州冬干夏湿，冬半年（11月至次年4月）属干季，雨量仅占全年降雨量的5%～15%，夏半年（5～10月）属雨季，降雨量占全年的85%～95%。

(3)垂直差异显著

大理白族自治州由于地形地貌复杂，海拔高低悬殊，气候的垂直差异显著。气温随海拔高度增高而降低，雨量随海拔增高而增多。河谷热、坝区暖、山区凉、高山寒，立体气候明显。

(4)气象灾害多

由于季风环流的不稳定性和不同天气系统的影响，大理白族自治州气象灾害较多。常见的气象灾害主要有干旱、洪涝、霜冻、冰雹、大风等。

🌸 历史沿革

在漫长的历史岁月中，大理曾有着显赫的地位和作用。

秦、汉之际，大理是"蜀身毒国道"（从四川成都，经云南大理、保山进入缅甸，再通往印度）的必经之地，这条通道对促进大理地区和内地的联系、促进中国和东南亚诸国友好往来和经济文化交流起着重要的作用。

大理地区是云南最早的文化发祥地之一，据考古发掘，新石器时代遗址广泛分布在以洱海为中心的高原湖泊群周围。白族、彝族等少数民族的先民在这块美丽、富饶的土地上种植水稻，驯养家畜，从事采集、渔猎，创造了大理地区的远古文明。

汉元封年间（前110～前105年），汉王朝在大理地区设置了叶榆、云南、邪龙、比苏4县，属益州郡管辖，从此大理地区正式纳入了汉王朝版图。

东汉时期，大理地区属永昌郡，蜀汉时期分属永昌、云南2郡；晋朝时分属宁州的永昌、云南2郡；刘宋王朝时分属宁州的云南郡、东河阳郡、西河阳郡；南齐时期分属宁州的云南郡、东河阳郡、西河阳郡、永昌郡；隋代属昆州。

唐武德四年（621年），洱海地区置有"八州十七县"，麟德元年（664年），改属姚州都督府。8世纪30年代，洱海地区"六诏"中的南诏，在唐朝的支持下，合六诏为一，统一了洱海地区，建立了南诏国。唐昭宗天复二年（902年），南诏权臣郑买嗣发动宫廷政变，建立了大长和国，南诏亡。后唐天成二年（927年），又先后建立了大天兴国和大义宁国。后晋天福二年（937年），通海节度使段思平联合滇东三十七部，进军大理，推翻了大义宁国，建立了大理国。

南宋宝元年（1253年），元世祖忽必烈率大军灭大理国，建立云南行省。南诏、大理国历唐、宋两朝，达500余年，使云南形成

LINREN XINCHISHENWANG DE CAIYUNZHINAN

了一个稳定的政治统一体，奠定了祖国的西南边疆，推动经济文化迅速发展。

元代，云南政治中心东移至昆明，元朝在大理地区设立了上下二万户府。元至元十一年（1274年），改设路、府、州、县，大理地区分属大理路、鹤庆路、威楚路和云龙甸军民府。明代，大理地区分属大理府、鹤庆府、蒙化府、永昌府、楚雄府。清代，大理地区分属大理府、丽江府、永昌府、蒙化直隶厅。1929年，国民政府实行省、县两级制，大理地区设祥云、弥渡、宾川、凤仪、蒙化、大理、永平、云龙、漾濞、邓川、洱源、剑川、鹤庆13县。1956年，云县、缅宁、顺宁3县划归临沧专区，丽江专区的鹤庆、剑川2县划归大理专区。

1956年11月22日，建立大理白族自治州，下关定为自治州首府。

民风民俗

大理白族自治州，是一个以白族为主的多民族地区。白族是我

国少数民族之一，主要分布在云南、贵州、湖南等省。大理白族民居建筑文化是经过上千年的历史岁月，在生活、生产实践中不断发展起来的乡土文化，是大理地区建筑文化的交流，具有浓郁的民族风格。

1. 民居

白族民居选址多依山傍水，"三坊一照壁"是白族民居建筑的主要平面布置形式，"四合五天井"是白族民居的典型立体布局，装饰精致的门楼，精美华丽的照壁和造型优美的房屋有机结合，加之院内林木花卉陪衬，使"三坊一照壁"、"四合五天井"恰似一件艺术品。

白族民居选用的木材色调和装饰物都有着自己独特的特点，除通用的工木外，还用大量的石材作板材。因为大理石头多，白族民居大都就地取材，广泛采用石头为主要建筑材料，大理民间还有"大理有三宝，石头砌墙墙不倒"的俗语，指的就是建房取材用石头的好处。在白族民居中，石头不仅用在打基础、砌墙壁上，也用于门窗头的横梁上。

白族居民在长时间的建筑中也形成了一些风俗习惯和规矩：门

楼要采用殿造型，飞檐串角，再以泥塑、木雕彩画、大理石屏、凸瓦青砖等组合成丰富多彩的立体图案，使房屋显得富丽堂皇又不失古朴大方。

2. 服饰

白族人民惯用纯棉白布、棉麻混纺布制成的扎染布料或丝绸布料来做成衣服、鞋、帽、手巾、包头等，这些布料质地轻柔、透气性好，面料具有吸汗、消炎、杀菌、护肤的保健作用。

"苍山绿、洱海清、月亮白、山茶红，风摆杨柳枝，白雪映霞红"，这正是大理白族服饰的真实写照。白族服饰最明显的特征是色彩对比明快而映衬协调，有镶边花饰，挑绣精美，朴实大方，充分反映了白族人民在艺术上的高度才能。

白族服饰总体上看，男子的穿戴简洁朴素，中老年服饰较为淡雅，姑娘和小孩服饰比较艳丽。青年女性的衣饰，主要有头帕、上衣、领褂、围腰、长裤几个部分。上衣多用白色、嫩黄、湖蓝或浅绿色，外套黑色或红色领褂，右衽结钮处挂"三须"、"五须"银饰，腰系绣花或深色短围腰，下着蓝色或白色长裤，或上下一体，色调一致，或衣、褂、裤、围腰各为一色，于多色块对比中求和谐。有的以嫩黄色上衣，配同样颜色的长裤，点缀大红丝绒的领褂；有的以湖蓝色或绿色上衣，配上黑色丝绒领褂，再以镶深色边、缀深色带的浅色围腰抬色，明快之中显素朴，秀艳之中见端庄，醒目大方，毫无细碎之感。头梳独辫，盘于叠成长条形的桃花或印花头巾中间，再缠以红头绳，左侧飘吊着一束雪白的缨穗，手腕上戴银质或玉石的手镯，脚穿绣花鞋。这一身打扮，浓艳而又不失庄重，线条美丽，婀娜多姿，飘然若舞，十分讨人喜欢。

3. 白族三道茶

白族称三道茶为"绍道兆"，是一种宾主抒发感情，祝愿美好生活，并富于戏剧色彩的饮茶方式。喝三道茶，当初只是白族用来作为求学、学艺、经商、婚嫁时长辈对晚辈的一种祝愿。如今，应用范围却日益扩大，成为白族人民喜庆迎宾时的饮茶习俗。制作三道茶时，每道茶的制作方法和所用原料都是不一样的。

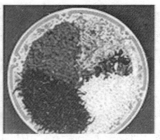

第一道茶叫"苦茶"，是由主人用白族人堂屋里一年四季不灭的火塘上的小陶罐烧烤大理特产沱茶直到黄而不焦、香气弥漫时再冲入滚烫开水制成。此道茶以浓酽为佳，香味宜人。因白族人讲究"酒满敬人，茶满欺人"，所以这道茶只有小半杯，不以冲喝为目的，以小口品饮，在舌尖上回味茶的苦凉清香为趣。"苦茶"寓清苦之意，代表的是人生的苦境。

第二道茶叫"甜茶"，是用大理特产乳扇、核桃仁和红糖为佐料，冲入清淡的大理名茶"感通茶"煎制的茶水制作而成。此道茶甜而不腻，所用茶杯大若小碗，客人可以痛快地喝个够。"甜茶"寓苦去甜来之意，代表的是人生的甘境。

第三道茶叫"回味茶"，是用蜂蜜加少许花椒、姜、桂皮为佐料，冲入"苍山雪绿茶"煎制而成。此道茶甜蜜中带有麻辣味，喝后回味无穷。因桂皮性辣，辣在白族中与"亲"谐音，而姜在白语中读"gǎo（第三声）"，有富贵之意，所以此道茶表达了宾主之间亲密无比和主人对客人的祝福。因"回味茶"集中了甜、苦、辣等味，所以称回味茶，代表的是人生的淡境，告诫人们，凡事要多"回味"，切记"先苦后甜"的道理。

4. 回族

回族是中国分布最广的少数民族，主要分布于宁夏回族自治区、河南、新疆维吾尔族自治区、青海、云南、河北等省区。回族人民主要的生活方式为伊斯兰，在居住较集中的地方建有清真寺，又称礼拜寺。在日常交往及宗教活动中，回族保留了大量的阿拉伯语和波斯语的词汇，在边疆民族地区，回族人民还通晓并使用当地民族的语言。

回族服饰的主要标志在头部，男子都喜爱戴用白布制作的圆帽。圆帽分两种：一种是平顶的；一种是六棱形的。讲究的人，还在圆帽上刺上精美的图案。回族妇女常戴盖头。盖头也有讲究：老年妇女戴白色的，显得洁白大方；中年妇女戴黑色的，显得庄重高雅；未婚女子戴绿色的，显得清新秀丽。

服装方面，回族老汉爱穿白色衬衫，外套黑坎肩。回族老年妇女冬季戴黑色或褐色头巾，夏季则戴白纱巾，并有扎裤褪的习惯。未婚女子则冬季戴红、绿色或蓝色头巾，夏季戴红、绿、黄等色的薄纱巾。

名胜景点

大理属低纬度高原型季风气候，季节变化不明显，年温差小，

年平均气温为 15℃，没有明显的严冬酷暑，寒暑适中，四季如春。白族的很多节日和盛会多集中在每年的 3 至 4 月间，此时来游，会感受到浓郁的民族风情。有歌唱到："大理三月好风光"，所以在春季去大理旅游，是再适合不过了。总的来说，大理是一个四季都适合旅游的好地方，它也是中国的"十佳旅游城市"之一。

1. 苍山

又名点苍山，是云岭山脉南端的主峰，是国家级风景名胜区及国家级自然保护区的重点组成部分。苍山北起洱源邓川，南止下关天生桥，东临洱海，西濒黑惠莲花峰，南北长 50 千米，东西宽 20千米。共 19 峰，18 溪。

苍山 19 峰，峰序自北向南为：云弄峰、沧浪峰、五台峰、莲花峰、白云峰、鹤云峰、三阳峰、兰峰峰、雪人峰、应乐峰、观音峰、中和峰、龙泉峰、玉局峰、马龙峰、圣应峰、佛顶峰、马耳峰、斜阳峰。这些山峰海拔都在 3500 米以上，最高的马龙峰海拔 4122 米。苍山 19 峰，每峰之间都有一条溪水注入洱海，即形成了苍山的 18溪。它们是：霞移溪、万花溪、阳溪、芒涌溪、锦溪、灵泉溪、白

石溪、双鸳溪、隐仙溪、梅溪，桃溪、中溪、绿石溪、龙溪、清碧溪、莫残溪、葶溟溪、阳南溪，溪水清澈、四季长流，形成飞瀑叠泉。

苍山云景变化万千，其中有两大著名景观：

（1）玉带云。夏末秋初的雨后初晴时分，苍山的腰部会出现一条乳白色的带状云，带状云缠绕苍山腰部，将百里苍山分为两截，故有"云横玉带"之称。

（2）望夫云。苍山玉局峰巅，秋冬时节常常出现絮状白色云团，云团不离不散，像一位满怀愁思的公主，俯首探望被打下海底的情人，这就是民间传说中的"望夫云"。此云出现后，洱海随即狂风大作，掀起惊涛骇浪，渔船不能出海，因此"望夫云"又被称为"无渡云"。

经夏不消的苍山雪，是素负盛名的大理"风花雪月"四景之一，也是苍山景观中的一绝。寒冬时节，百里点苍，白雪皑皑，阳春三月，雪线以上仍堆银垒玉。最高峰马龙峰的积雪更是终年不化，盛夏时节山腰以上苍翠欲滴，而峰巅仍处在雪中。

关于苍山上的积雪为何千年不化，在大理民间就流传着一个美丽的传说。相传在古代，有一批瘟神在大理坝子中横行霸道，使人民"十人得病，九人身亡"。有两位白族的兄妹学法归来后，为拯救受苦的人民，就在观音的指引下，将瘟神撵到苍山山顶，让大雪冻死。为了使瘟神永不复生，妹妹就变作雪神，永远镇住苍山上的瘟神，于是苍山雪人峰就有了千年不化的白雪。而实际上，苍山山顶常年积雪是因为苍山海拔太高，山顶气温低的缘故。

苍山植被资源十分丰富，由下而上形成了幼林草地带、松林栎林带、冷杉杂木带、高山草地带，拥有层次分明的高山景观和变化有致的季相景观。以苍山命名的苍山冷杉，以其楚楚动人的身姿与不畏风雪严寒的气质，雄踞于苍山海拔 3000 米以上的悬崖绝壁上，是我国冷杉属树种在地理位置上分布最南的一个树种，也是我国特有的一种高山景观植物，被誉为"树中君子"。

苍山花卉品种繁多。云南的八大名花，即山茶花、杜鹃花、玉兰花、报春花、百合花、龙胆花、兰花、绿绒蒿，在苍山都找寻得到踪迹。其中，仅杜鹃花品种就有 41 种，从山脚直到海拔 4100 米

的积雪地带都看得到它们的身影，层层叠叠，成片成簇，植株高者达 15 米以上，呈大树状（棕背杜鹃、马缨杜鹃）；矮者却只有 10 厘米，呈匍匐状贴地而生，形成地毯状景观（密枝杜鹃）。花的形状千姿百态，花色更是有红、白、黄、紫等 16 种不同色彩。在这花的海洋里，有的品种仅苍山一地所独有，如和蔼杜鹃、蓝果杜鹃；有的以大理命名，如大理杜鹃、大理腺萼杜鹃。世界上杜鹃花属中叶子最大的品种凸尖杜鹃，就生长在苍山上。苍山，可以当之无愧地称为"天然杜鹃花园"。

苍山也是野生动物的乐园。这里气候适宜，植被茂密，至今还生活着鹿、麂、岩羊、野牛、山驴、野猪、狐、雉鸡以及少数的珍稀动物"四不像"等。

2. 洱海

又称昆弥川、叶榆池，湖面海拔 1972 米，北起洱源县江尾乡，南止大理下关，全长 42 千米，宽 3～9 千米，湖岸线长 116 千米，面积 250 平方千米，蓄水量 25 亿立方米。洱海北有弥直河注入，为主要水源，东汇波罗江、挖色河，西纳苍山十八溪，形如新月，湖水清澈，有三岛、四洲、五湖、九曲、八景之胜景，秀丽无比，素有"玉洱银苍"的美誉。

洱海的三岛分别是：金梭岛、玉几岛、赤文岛；四洲：青莎鼻洲、大鹳溺洲、鸳鸯洲、马濂洲；五湖：太湖、莲花湖、星湖、神湖、渚湖；九曲：莲花曲、大鹳曲、潘矶曲、凤翼曲、罗莳曲、牛角曲、波曲、高莒曲、鹤翥曲；八景：海镜开天、山海大观、岚霭普陀、碧波渔舟、金梭云烟、海水秋色、海阁风涛、洱海映月，这些美景分布于洱海之中，风光秀美，令人神往。

同样位于洱海的南诏风情岛是除洱海三岛外的一个独立的小岛，它位于苍洱国家级风景名胜区的黄金地段——洱源县东南端的双廊乡境内。该岛四面环水，东靠著名佛教圣地鸡足山，北接石宝山，南连大理，西对苍山洱海，因占据着得天独厚的旅游资源，故素有"大理风光在苍洱，苍洱风光在双廊"之美誉。

南诏风情岛在洱海岛中独占水头。近百亩的海岛面积，静卧洱海中上游，远处看来犹如一把巨梭，奇异独特的地形地貌中，拥藏着无限的海岛景致。岛上风光旖旎，海天一色，风月无边：千年古榕枝繁叶茂，幽穴古洞盘曲交错，岛屿四围渚清沙白，苍洱百里壮景尽收眼底，可谓"山同人朗，水与情长"。

为了展示南诏文化艺术的博大精深与迷人魅力，发掘和弘扬大理积淀丰厚的优秀文化遗产，南诏风情岛用雕塑这种特殊的艺术语言，第一次向世人展示了云南的创世神话，岛上由沙壹母群雕码头、海景别墅、云南福星——阿嵯耶观音广场、南诏避暑行宫、白族本主文化艺术广场、海滩综合游乐园、太湖石景群落及渔家傲别景等八大景观组成，与别具特色的园林艺术融为一体，使人在亲近大自然的过程中寻回那份极其珍贵的原始的真与朴素的美。

洱海西面有苍山横列如屏，东面有玉案山环绕衬托，空间环境极为优美，"水光万顷开天镜，山色四时环翠屏"，素有"玉洱银苍"、"高原明珠"之称。由古及今，不知有多少文人韵士写下了对其赞美不绝的诗文。南诏清平官杨奇鲲在其被收入《全唐诗》的一首诗作中描写洱海"风里浪花吹又白，雨中岚影洗还清"；元代郭松年《大理行记》又称它"浩荡汪洋，烟波无际"。凡此种种，不胜枚举。

洱海生物资源丰富，生物种类多样，特别是鱼类资源丰富，有弓鱼（大理洱海裂腹鱼）、鲫鱼、洱海土著鲤鱼（大头鲤，洱海春鲤，大理鲤等9种）、引进品种银鱼、虾、螺蛳、贝壳等，其中弓鱼最为有名，在当地有"鱼魁"之称，但由于西洱河电站断了洄游繁殖路线，导致弓鱼现在已绝种。

3. 蝴蝶泉

　　很久很久以前，蝴蝶泉其实叫无底潭，潭边住着父女两人，女儿叫雯姑，聪明美丽如一朵金花。雯姑长大后和猎手霞郎定下终身，可是后来，雯姑却被地主抢走。霞郎冒着生命危险从地主手中救回了雯姑，可是在逃走的途中，两人遭到官兵的围堵，走投无路，最后双双跳进了无底潭。顿时，电闪雷鸣、狂风骤雨，待雨过天晴后，无底潭中飞出一对美丽无比的大彩蝶，后面还跟着无数的小蝴蝶。从此，每年农历四月十五日（潭中飞出蝴蝶的日子），无数的蝴蝶就会聚集在这里，后来，人们就把无底潭改为蝴蝶泉了。

　　蝴蝶泉位于苍山云弄峰下，因为电影《五朵金花》，蝴蝶泉被世人所熟习。蝴蝶泉的水是从岩缝沙层中渗透出来的，水质清澈，是最原始、最纯净的水。蝴蝶泉喷涌而出的泉水，近年来被公园管理者十分珍惜地蓄积于三个水潭中，供人观赏。蝴蝶泉内，蝴蝶种类繁多，每年阳春 3 ~ 5 月之间，成群的蝴蝶从四面八方飞来，成群成串的悬挂在泉边的合欢树上，特别是农历四月十五这一天，蝴蝶更是多不胜数，所以这一天被白族人民定为蝴蝶会。每年的蝴蝶会，四方的白族男女都会聚集在蝴蝶泉，用歌声找到自己的意中人。

蝴蝶泉概括起来有"三绝"：泉、蝶、树。

（1）泉：蝴蝶泉的水是从岩缝沙层中浸透出来的，水质特别清冽，泉水一出地表便汇聚成潭，没有任何污染。蝴蝶泉奔泻而出的泉水，近年来又被公园管理者十分珍惜地蓄积于三个一潭比一潭大的水潭之中，供人观赏，最大的一潭约 10 亩。蝴蝶泉由过去的一潭，变为现在的四潭，这是蝴蝶泉公园内最显眼的景观。

（2）蝶：蝴蝶泉内，蝴蝶种类繁多，每年阳春 3 月到 5 月间，蝴蝶大的大如巴掌，小的小如蜜蜂，成串悬挂于泉边的合欢树上，五彩缤纷。徐霞客在他的游记里就曾做过这样的描述："还有真蝶万千，连须钩足，自树巅倒悬而下及于泉面，缤纷络绎，五色焕然。"著名诗人郭沫若于 1961 年秋到大理游蝴蝶泉时，也曾写下"蝴蝶泉头蝴蝶树，蝴蝶飞来万千数，首尾联接数公尺，自树下垂疑花序"的诗句。其实蝴蝶泉边不是任何时间都有蝴蝶翩飞的，除了每年 4 月的几天外，其他时间是看不到这种奇景的。如果来得不巧，错过了蝴蝶会，也不必遗憾，蝴蝶泉以南新建的蝴蝶馆，真实地再现了蝴蝶泉边蝴蝶的生态、品种以及与蝴蝶有关的蝴蝶文化，为不能亲临蝴蝶会的人们提供了了解蝴蝶泉奇观的珍贵资料。

（3）树：蝴蝶泉公园内，有"蝶泉之美在于绿，请君爱护草和木"的环境标语牌，这句话一点不虚假地说出蝴蝶泉之美，不仅得益于沿途我们所见到的凤尾竹、圣诞树等夹道迎客的新栽林木，以及泉后满山遍野的松林、柏林、棕榈林、茶林、杜鹃林、毛竹林，还更得益于蝴蝶泉边合欢树、酸香树、黄连木等本地特有的芳香树种。蝴蝶泉边的夜合欢树，每当4月初开花时节，白天花瓣张开如一只只蝴蝶，夜晚花瓣合拢吐出阵阵扑鼻清香。诗人形象地赞美蝴蝶是"会飞的花朵"，这合欢树的花朵则是"静止的蝴蝶"。蝴蝶会期间，花与蝴蝶共舞，真假难辨，是蝴蝶泉的一大奇观。

4. 崇圣寺三塔

崇圣寺三塔距离下关14千米，位于大理古城以北1.5千米，苍山应乐峰下，背靠苍山，面临洱海，三塔由一大二小三座佛塔组成，呈鼎立之态，远远望去，卓然挺秀，俊逸不凡，是苍洱胜景之一。

崇圣寺三塔属我国重点文物保护单位，是南诏国和大理国时期建筑的一组颇具规模的佛教寺庙，位于原崇圣寺正前方，呈三足鼎立之势。崇圣寺初建于南诏丰佑年间（公元824～859年），大塔先建，南北小塔后建，寺中立塔，故塔以寺名。现寺的壮观庙宇在咸

LINREN XINCHISHENWANG DE CAIYUNZHINAN

同年间已毁，只有三塔完好地保留下来。

　　崇圣寺三塔的主塔名叫千寻塔，底宽 9.9 米，现存高度 69.13 米，16 层，为方形密檐式空心砖塔，是中国现存座塔最高者之一，与西安大小雁塔同是唐代的典型建筑，造型上也与西安小雁塔相似，为唐代的典型塔式之一。塔以白灰涂面，每级四面有龛，相对两龛供佛像，另两龛为窗洞。塔内装有木骨架，塔身内壁垂直贯通上下，设有木质楼梯，循梯可达顶层，从瞭望小孔中欣赏大理古城全貌。塔顶有金属塔刹宝盖、宝顶和金鸡等，底部镶嵌着镌刻在大理石上的"永镇山川"四个大字，此为沐英后裔明代黔国公孙世阶所书。塔的基座呈方形，分三层，下层边长为 33.5 米，四周有石栏，栏的四角柱头雕有石狮；上层边长 21 米，其东面正中有石照壁，"永镇山川"四个大字即位于此，每字 1.7 米，笔力雄浑苍劲，气势磅礴。

　　三塔中的南、北二小塔在主塔之西，与主塔等距 70 米，南北对峙，相距 97.5 米，均为五代时期大理国所建造。两塔形制一样，均为 10 层，高 42.4 米，为八角形密檐式空心砖塔，外观装饰成阁楼式，每角有柱，每级设平座，第 4、6 级有斗棋，顶端有镏金塔刹宝顶，华丽非常。每层出檐，角往上翘，不用梁柱斗拱等，以轮廓线取得艺术效果。塔通体抹石炭，好似玉柱擎天。

崇圣寺三塔布局齐整，保存完善，外观造型相互协调。大塔协领两座小塔，突出其主要地位，同时又衬托出小塔的玲珑雅致；小塔紧随大塔，衬托出大塔的高大、雄伟。三塔布局成鼎足之势，高耸蓝天，成为大理白族文化的象征，是我国南方最壮丽的塔群。三塔与远处的苍山、洱海相互辉映，点缀出古城大理的历史风韵，虽经历了千年风雨剥蚀和多次大地震，依然完好无损。

5. 大理古城

它东临洱海，西枕苍山，现在保存的大理古城，是明朝洪武十五年（公元1382年）在大理国羊苴咩城西部的旧址上重新修建的。

明初大理设卫，有大理指挥使驻守。今天的大理古城内还留有卫门口的称谓。到了清代，云南提督驻大理，设西道、大理府等。1856年，回民杜文秀起义，占领大理，将提督衙门改建为帅府，并将范围扩大，设午门、前殿、后殿、天子台、丹墀、偏殿、后宫、南北花厅等，四周有城墙，高3米，厚2米。新中国成立初期，城墙均被拆毁，到 1982 年，重修南城门，门头"大理"二字是集郭沫若书法而成。

大理古城为棋盘式布局，部分城墙保存完整，外墙为砖，上列稚堞，下环城沟，南北城楼上修建有雄伟的城楼。城内从南至北有 5 条街，从东到西有 8 条巷，古城中四处都是弹石与引马石镶砌的路面，青瓦坡顶的房屋，"三坊一照壁、四合五天井"的典型白族民居，作坊、店铺相连，宏伟的寺庙，还有书院和中西合璧的教堂等古建筑点缀其间。置身其中，仿佛有回到过去的感觉。

6. 喜洲

喜洲镇位于大理白族自治州大理市的北部，距大理下关 34 千米，东临洱海，西枕苍山，地势西高东低，214 国道、大丽公路（大理—丽江）从喜洲镇西面、中部南北贯通。

喜洲距今已有一千多年的历史，是南诏古城中留存下来的古城之一。南诏时期，喜洲城池建筑的宏伟，仅次于太和城和羊苴咩城，是佛教和商业贸易的重镇。相传，南诏王和家人经常离开王都，到此居住。喜洲也是大理文化的发祥地之一，早在六诏与河蛮并存时就已是白族聚居之地，原为大理河蛮的城邑，隋史万岁曾驻兵于此，因而称"史城"或"史赕"，唐时南诏王筑宫殿与此，时称大厘城，当时已时"邑居人户尤众"，是南诏时期"十睑之一"。

喜洲镇内有在中国乃至世界建筑史上独树一帜的一大批明、清、民国至当代各时期各具特色的白族民居建筑群，为国内外所瞩目，具有极高的历史文化价值，被国务院公布为第五批国家重点文物保护单位。喜洲白族民居建筑群，从布局上是典型的"三坊一照壁"及"四合五天井"的白族庭院格局为主，兼有一向一坊、一向二坊、二向三坊、五福寿、六合同春、走马转角楼等格局式样。建筑为土木砖石结构，门窗为雕刻精细木刻花鸟，房屋装饰为粉白灰墙，局部绘以水墨山水画，典雅大方，门楼门座以精雕青石砌出图案，加以结构繁缛的额阙。整体建筑艺术在白族民居建筑的特色上吸收了西方及江南民宅的优点，形成独特的建筑艺术风格。

7. 鸡足山

鸡足山位于大理白族自治州宾川县西北隅，东经 100°20′～100°25′，北纬 25°56′～26°00′之间，距县城 30 千米。最高海拔 3248 米，最低海拔 1780 米，相对高差 1468 米。西与大理、洱源毗邻，北与鹤庆相连，东西长约 7 千米，南北宽约 6 千米，总面积 2822 公顷。鸡足山山势顶耸西北，尾掉东南，前列三支，后拖一足，宛然鸡足之形而得名。全山有奇山 40 座、险峰 13 座、岩壁 34 处、幽洞 45 个、溪泉 100 余条、高等植物 80 多科 500 余种、有珍禽异兽数十种。

鸡足山地处横断山脉块断带头边缘，属剥蚀中山地貌，被三条较大型的断裂所切割，构成了鸡足山危崖陡壁、石洞、石门和层复一层的山峦叠嶂、石状奇绝的特色。从华首门、罗汉壁、天池山、九重崖到文笔山，有长达 5 千米、高 500 米的秀丽壮观的构造断块山中高山地貌景观。在这"芙蓉万仞削中天，抟皖乾坤面面悬"（徐霞客）的峭壁上，怪石峥嵘、台危洞幽、藤萝披拂，形成与寺院建筑融为一体的无限风光。断裂形成的山间凹陷地带，悉檀溪纵贯其中，沿溪两岸的尊胜塔院、悉檀寺、祝圣寺、石钟寺、大觉寺、寂光寺等大型寺院建筑群，以及无数的庵、阁、亭、楼、堂等自下

LINREN XINCHISHENWANG DE CAIYUNZHINAN

而上，像佛线穿珠一直延伸至天柱峰脚的慧灯庵。

　　鸡足山植被呈垂直分布：海拔 1800～2300 米，为亚热带山地常绿针叶林，以云南松为主，形成鸡足山八景之一的"万壑松涛"，山风起处，翻腾怒吼；海拔 2300 米以上为亚热带山地常绿、落叶阔叶混交林，有栲、栎、楠、楸、杨等种类，大多拔地而起，直冲霄汉、翠盖如云、雄浑苍劲；海拔 2400 米以上为亚热带山地，丘陵竹林，多在寺院周围，是著名特产"香笋竹"产区；海拔 2700 米以上为元江栲林，是滇高原特有的植被类型，也是山中常绿阔叶林的主要组成部分；部分地方还有小片原始森林，最大树龄 600 年，平均树龄在 300 年以上；海拔 3248 米的金顶寺，山脊上以矮高山栎灌丛为主，有红棕杜鹃、云南杜鹃、露珠杜鹃、绒毛叶黄花木、鲜黄小蘖、山桂花、峨眉蔷薇等。

　　古人用一鸟、二茶、三龙、四观、五杉、六珍、七兽、八景来概括鸡足山的自然美景。一鸟指：念佛鸟；二茶指：狮子头、通片草茶花；三龙指：龙棕、龙竹、龙爪杜鹃；四观指：东日、西海、南云、北雪；五杉指：冷杉、油杉、柳杉、红豆杉、杉木；六珍指：香笋、冷菌、板栗、岩参、香菌、银耳；七兽指：猴子、岩羊、獐子、豹、熊、野猪、鹿；八景指：天柱佛光、华首晴雷、苍山积雪、洱海回岚、飞瀑穿云、万壑松涛、重崖返照、塔院秋月。鸡足山的自然美景令人叹为观止。

鸡足山也是佛教禅宗的发源地，两千多年前释迦牟尼大弟子饮光迦叶僧入定鸡足山华首门，奠定了它在佛教界的崇高地位。元、明两代，形成了以迦叶殿为主的 8 大寺 71 丛林。鼎盛时期发展到 36 寺 72 庵，常驻僧尼达数千人的宏大规模。鸡足山历代高僧辈出，唐代的明智、护月，宋代的慈济，元代的源空、普通、本源，明代的周理、彻庸、释禅、担当、大错、中锋，清末民初的虚云等都是声闻九州的大德高僧。鸡足山现在是我国五大佛教名山之一，也是享誉南亚、东南亚的佛教圣地。

楚雄彝族自治州

地理位置

楚雄彝族自治州地处云南省中部，位于东经 100°43′~102°30′，北纬 24°13′~26°30′之间，属云贵高原西部，滇中高原的主体部位。东靠昆明市，西接大理白族自治州，南连普洱市和玉溪市，北临四川省攀枝花市和凉山彝族自治州，西北隔金沙江与丽江市相望。

基本情况

【面积】29258 平方千米

【人口】约 245 万

其中彝族人口约 60 多万，占总人口的 24.6% 。

LINREN XINCHISHENWANG DE CAIYUNZHINAN

云南楚雄地图

【电话区号】0878

【邮政编码】675000

【下辖地区】楚雄市∣双柏县∣牟定县∣南华县∣姚安县∣大姚县∣永仁县∣元谋县∣武定县∣禄丰县

气候特征

楚雄彝族自治州气候宜人，属亚热带季风气候，但是由于山高谷深，气候垂直变化明显。全州总的气候特征是冬夏季短、春秋季长；日温差大、年温差小；冬无严寒、夏无酷暑；干湿分明、雨热同季；日照充足，霜期较短；降水偏少，春夏旱重。

楚雄彝族自治州年均气温为 14.8℃～21.9℃。绝大多数地区最冷月（1月）平均气温在 7.4℃；最热月（6月）平均气温 21.4℃。元谋坝子和金沙江河谷地区全年无霜，其他大部分地区无霜期为 221 天～275 天。全州降水量偏少，年均降水量 800～1000 毫米，且主要集中在 7 月至 10 月。

楚雄彝族自治州地处云南省日照高值区，年均日照为 2450 小时，从西北向东南呈递减分布。西北部的永仁县受日照量最多，年平均达 2823 小时，日照率达 65%，是全省日照时数最多、日照百分率最大的地区。受日照最少的是禄丰县，年均为 2198 小时。全州的蒸发量年平均为 2432 毫米，为年降雨量的 3 倍多。元谋县的蒸发量为降雨量的 6 倍多，是云南省蒸发量最大的干热盆地，蒸发量最小的是南华县和双柏县，年均不到 2000 毫米。

地貌特点

楚雄彝族自治州内地势大致由西北向东南倾斜，东西最大横距 175 千米，南北最大纵距 247.5 千米。境内多山，山地面积占总面积的 90% 以上，其间山峦叠嶂，诸峰环拱，谷地错落，溪河纵横，素有"九分山水一分坝"之称。

州内的乌蒙山虎踞东部，哀牢山盘亘西南，百草岭雄峙西北，构成三山鼎立之势；金沙江、元江两大水系以州境中部为分水岭各奔南北，形成二水分流之态。州境最高点为大姚县白草岭主峰帽台山，海拔 3657 米；最低点在双柏县南端的三江口，海拔 556 米。州府所在地鹿城海拔 1773 米，大致为全州坝区的一般海拔高度。在群山环抱之间，有 104 个面积在 1 平方千米以上的盆地（坝子）星罗棋布，形成州内一个个独具特色的经济、文化区域。

自然资源

1. 土地资源

楚雄彝族自治州土地总面积 4388.7 万亩，其中耕地 238.36 万亩，水田 123.95 万亩。土壤共有 19 类，其中耕作土壤 14 类，自然土壤 5 类，以紫色土分布最广，红壤次之。楚雄州的紫色土上层不厚，蓄水能力差、抗蚀能力弱，但富含磷、钾，适宜于种植各种经

LINREN XINCHISHENWANG DE CAIYUNZHINAN

济作物，尤其是烤烟。红壤土层一般较厚，结构较好，呈酸性，适合种植茶叶、薯类、豆类等作物。此外，水稻土是最主要的耕作土壤，全州有 128 万亩，主要分布在平坝地区。水稻土保水保肥性能好，栽种粮食产量高。

2. 矿产资源

楚雄彝族自治州内地质构造复杂，矿产资源丰富，种类涉及 41 个矿种，产地和矿化地达 431 处。其中，铜、铁、砷、岩盐、芒硝、石膏等可称优势矿种，煤、铁、石油、天然气等储量较丰富，其他还分布有金、银、铅、大理石、石棉、磷、铂等矿藏。历史上铜、铁、盐、煤等矿产曾对楚雄州乃至云南省经济发展起过举足轻重的作用，楚雄州还是云南省寻找石油和天然气最有希望的一个盆地，生油岩层厚达 1000 ~ 2000 米，预测天然气的资源量十分可观。

3. 水资源

楚雄彝族自治州地处金沙江和元江的分水岭上，境内无天然湖泊，也无入境河，水资源多由大气降水形成。全州多年水资源量为

68.67 亿立方米。州内的地面河流分属金沙江和元江两大水系，蕴藏量达117.7万千瓦（不含金沙江干流），宜开发量为25.21万千瓦。20世纪70年代末以来，楚雄州相继建起了武定大响水（1200千瓦）、禄丰花桥（2400千瓦）、双柏鱼庄河（3200千瓦）、大姚天生桥（3700千瓦）、永仁他皮里（2000千瓦）、元谋虎跳滩（2700千瓦）等一批电站。1998年建成投产的双柏县老虎山电站，装机3.7万千瓦，年发电量1.74亿千瓦/小时，是楚雄州目前最大的水电站。

4. 动植物资源

楚雄彝族自治州的植物种类有6000多种，主要是森林、中草药、野生食用菌等。全州有林地面积1731.3万亩，森林面积1633.6万亩，森林综合覆盖率60.69%，森林覆盖率达39.5%。

楚雄州州内常见的树种有云南松、华山松、滇油杉、金丝桃、滇橄榄、杜鹃、冬瓜树等。草本植物有香茅、龙须草、野古草、金球花等。药用植物以薄荷、大黄、黄连、茯苓最为有名。州内有野生哺乳动物110多种、鸟类390多种、爬行类66种、两栖类34种、鱼类85种，其中长臂猿、懒猴、云豹、绿孔雀、黑颈鹤等为国家重点保护的珍稀动物。

为保护珍贵的动、植物资源，楚雄州先后设有哀牢山、雕林山、化佛山、紫溪山、狮子山、方山、昙华山、白竹山、老黑山等16个自然保护区。

🌸 历史沿革

楚雄彝族自治州是人类

LINREN XINCHISHENWANG DE CAIYUNZHINAN

发祥地之一，有着悠久的历史和灿烂的文化。20世纪60年代中期至80年代初，在禄丰县发现了生活在800万年前的禄丰腊玛古猿化石，在元谋县发现了生活在300万年前的元谋竹棚人猿化石。1965年，在元谋县发现了距今170万年前的元谋人化石，并发现了打制石器和用火的痕迹，证明元谋人不但完成了从猿到人的进化过程，还掌握了用火的技能。1975年，楚雄万家坝出土了迄今为止世界上最早的铜鼓，证明早在2500年前，楚雄地区的先民便创造了以铜鼓为特征的青铜文化。

公元前4世纪，楚庄蹻通滇，楚雄属滇地。

汉代分属益州郡和越嶲郡。蜀汉时分属建宁郡、越嶲郡和云南郡。西晋时分属晋宁郡和云南郡，南北朝时分属晋宁郡、兴宁郡和建宁郡。

唐初属戎州都督府。南诏时属拓东节度和弄栋节度。大理国时期属姚府、威楚府。元初分属威楚万户府、罗婺万户府和大理万户府，后改设路、府、州、县，分属中庆路、威楚开南路、武定路和大理路。

明代分属云南府、楚雄府、姚安军民府和武定府。清代分属云南府、武定直隶州、楚雄府。

民国时分设楚雄、镇南、牟定、姚安、大姚、盐丰、永仁、元谋、武定、罗次、禄丰、广通、盐兴、双柏等县。

新中国成立后，分设楚雄、武定两专区。1953年，两专区合并为楚雄专区，辖楚雄、镇南、牟定、姚安、大姚、盐丰、永仁、元谋、武定、罗次、禄丰、广通、盐兴、双柏、禄劝、富民、安宁17县。

1958年楚雄彝族自治州正式成立，并盐兴县入广通县，合并楚雄、南华、牟定、双柏4县为楚雄县，合并姚安、大姚、盐丰、永仁4县为大姚县，合并罗次、禄丰、广通3县为禄丰县。1983年9月改楚雄县为楚雄市。

🌸 民风民俗

彝族

彝族是我国少数民族之一，主要分布在云南、四川、贵州、广西等省。彝族男子，头上留着"天菩萨"，只缠一顶青蓝布包头，扎"英雄结"，耳朵上戴耳珠。上身穿青、蓝、黑色布料的对襟短衣，衣服短至腹部，袖子细窄，衣襟上钉着两排布疙瘩纽扣。裤子则肥大而短，有的只达小腿。脚上多喜欢穿一双花边缝制并缀

有红绿绒球的布凉鞋。再披上一件羊皮褂或羊皮披毡，看起来朴实大方。

彝族妇女的服饰以雍容典雅见长，一般中青年妇女多头顶一块绣花的瓦式方帕，用毛线或发辫缠压。老年妇女则头戴一盘包裹得非常整齐的黑布包头。妇女双耳都戴有银质和料珠做成的耳环，并在领口上别有一块银排花。上身穿镶有色布或绣有花边的右衽大襟衣，袖子细窄，衣短仅及腹部。下身多穿用多层色布环绕拼接而成的百褶裙，裙裾及地，线条修长优美。

彝族的男女青年相识、相恋，决定互许一生后，由男方父母请毕摩（祭司）选取一吉日，并征得女方父母同意后，就为他们举行婚礼。

举行婚礼这天，男方家要在院子中间用树枝搭起一座青棚，棚内外披红挂彩，正中摆放彝家喜神牌位。彝家歌手不断地演唱着富有民族情调的"青棚调"，亲朋好友欢聚一堂，歌声不停，唢呐声不断。女方家也要搭青棚，是让新娘在出嫁前的头一晚由女伴陪同歌

宿的地方。

　　男方家聚亲队伍来到女方家门前时，要接受女方的兄弟姐妹和同辈青年男女的泼水，以示欢迎和庆贺。彝家人认为：泼了水，姑娘到丈夫家后就不会到很远的地方取水，即使天旱也有吃有喝。娶亲的队伍进了女方家门后，在供桌上点上香、磕完头，接着就开始展示带来的礼物，如衣服、鞋子、包头、钱币等。女方也展示姑娘的嫁妆，如：橱柜、箱子、衣物、凳子、被褥、彩电、缝纫机等。这时候，由女方父母请来的歌师开始唱娶亲歌，唱一段，展示一样，且唱到什么就必须展示什么，不然歌师就要用簸箕在娶亲人的头上打三下，引得众人哄堂大笑。

　　展示完毕后，女方家招待娶亲的人喝水：先喝茶，后喝糖水，意为"先苦后甜"。接着请女方的舅辈来说一些吉利的话，然后打开红盒，给新郎披上两匹红彩带。一切完毕之后，女方家盛宴招待娶亲的人、亲朋好友以及本村的乡亲。席间，新郎要到每一桌作揖、敬酒。等所有的客人都吃完饭后，才能娶新娘动身回家。

　　娶亲队伍回到新郎家，要燃放大火炮和鞭炮，请毕摩念经，然后新娘在手持两枝火把的少女陪同下，走进大门并一直走到洞房中床上坐下。这时，要由一中年妇女主持新郎新娘喝交杯酒的仪式。然后新郎走出洞房，由来自女方家的女宾陪着新娘留在房中。按传统习俗，晚饭时，新娘一天不得吃两家饭，所以由女方家的女宾把女方带来的饭菜热给新娘，并邀约新郎陪着吃。

　　晚饭后，在男方的青棚中烧一堆火，亲朋好友围着火堆弹弦子、唱调子、跳左脚舞，这时，新郎和新娘也参加到跳舞的行列中，大家围成圆圈，尽情地唱和跳，一直跳到天亮。

　　天亮后，新娘去挑两担水到厨房里，同时在灶里烧一把火，表示新娘已经开始在新郎家烧火做饭，从此就在新郎家生活了。这一天，新郎家还要宴请宾客，宾客大多是本氏族内的人。第三天，新娘要回娘家，俗称"回门"。回门的时间一般为四五天，个别地方有

令人心驰神往的彩云之南

城市 地区

回娘家几个月，甚至几年的，视当地的风俗而定。

在彝族婚俗中，还有一个特别的形式，称之为"哭嫁"。新娘在举行婚礼之前，要在女伴的陪同下哭嫁，即边哭边唱《哭嫁歌》。《哭嫁歌》一般有传统唱词，新娘以哭唱来表达自己心中的喜悦或悲伤。其形式大概是：

新娘出嫁前，父母邀集亲友在院中用树枝搭起青棚，在地上铺上青松毛。出嫁的头一晚，新娘在女伴的陪同下到青棚中歇宿。在离开自己的房间前，新娘拜别父母，依依不舍，唱道：

> 大片田地里，谷稗一起长。
>
> 留谷作种子，稗子被抛弃。
>
> 留种心得意，被弃心不甘。
>
> 房宅十余间，子女排成行。
>
> 留子守家业，把女嫁出去。
>
> 子留固得意，女嫁心不甘。
>
> ……

唱完后，新娘由女伴陪伴来到青棚休息。等天快亮的时候，新娘醒来想到自己即将离开家园，出嫁他乡，不禁悲从中来，于是又边哭边唱：

> 青棚十一排，亲朋已熟睡。
>
> 姑娘还不睡，不睡为什么？
>
> 志在守田园，要居自屋内。
>
> 守既不可能，管家亦不成。
>
> 不守心尚可，不管心难安。
>
> ……

天已亮，新娘不愿意离开父母，离开从小相处的伙伴，离开从小生活的家园，可是时间又快到了，不得不离开：

> 但愿鸡莫叫，鸡若肯不叫，
>
> 炼银镶鸡嘴，炼金镶鸡冠。

　　但愿天莫亮，天若肯不亮，
　　炼铁铺天城，炼金铺天宫。
　　但愿日不出，太阳肯不出，
　　背泥补山孔，挑水洗山峰。
　　……

　　唱完后，新娘想起在家受到父母宠爱，而远嫁他乡后的不知前景，更是有许多话要哭诉：

　　生长母家时，睡时母枕臂，
　　饥时食母饭，寒时穿母衣；
　　不下塘汲水，不上山砍柴，
　　挖菜不攀篱，慈母会照理。
　　嫁到夫家去，砍柴登高山，
　　汲水下池塘，挖菜攀刺篱；
　　菜叶若枯黄，夫家说闲话，
　　汲水水浑浊，夫家闲话多。
　　……

　　据说，很久以前的新娘哭嫁，歌词多是即兴而发，有"哭"得十分好的新娘，表达了大家的心意，歌词便在民间流传开来，经过数代人的加工处理，相传至今，成为今天新娘哭嫁时都会传唱的《哭嫁歌》。

　　彝族人民对人诚恳，待客热情，一有客到，必以酒待客，"三道酒"是彝族接待贵客的礼节。

　　第一道酒叫"拦门酒"，即在家门口迎接客人，彝家人吹响长号、唢呐，弹起月琴，载歌载舞，欢唱"迎客调"，客人一走近，就由盛装的彝家姑娘捧上一杯美酒，如果酒杯里放有木业，则表明要客人当场唱一首酒歌。

　　第二道酒叫"祝福酒"，即在酒宴上主人向由远方来的客人敬上双杯美酒，同时还要献上祝酒歌。祝酒歌有现成的曲调，热烈高亢，

令人心驰神往的彩云之南

城市地区

135

而歌词内容有传统词，也有即兴发挥创作，根据客人的身份唱一些祝赞、吉利的话。祝酒歌可一人独唱，也可数人集体唱。

第三道酒叫"留客酒"，即客人要离开主人家时，主人送客到门口时请客人喝下离别时最后一杯酒。敬酒时，长号、唢呐同时吹奏"留客调"，男女青年欢歌起舞，主人手捧酒杯，唱起送客人的酒歌，内容为祝福客人幸福、吉祥以及主人的牵挂和挽留。客人必须把这杯酒喝掉才能离开。

名胜景点

1. 哀牢山自然保护区

哀牢山位于云南省新平、双柏、楚雄、景东、镇源五县市交界处，面积 50660 平方千米，哀牢山国家级自然保护区位于哀牢山脉中北段上部，是 1986 年经云南省人民政府批准建立，1988 年晋升为国家级自然保护区，主要保护对象为常绿阔叶林及野生动物。

哀牢山国家自然保护区在楚雄州境部分被分为楚雄、双柏两个分区。分区南北相连，均在哀牢山中段的东北侧，面积 15.76 万亩，是哀牢山自然保护区的重要组成部分。该区域的主要保护对象为亚热带常绿阔叶林生态系统以及长臂猿、绿孔雀等珍贵野生动物。

保护区内植被类型多样，垂直带谱完整，共分为 8 个植被型，19 个群系：高等植物约 1486 种，隶属 207 科、702 属，其中蕨类植物 35 科、61 属，共 123 种；裸子植物 7 科、12 属，共 15 种；被子植物 165 科、647 属，共 1344 种。属国家珍稀濒危保护动植物名录中二级保护植物的有银杏，三级保护植物的有云南七叶树、翠柏、旱地油杉、林生芒果、红花木莲、景东翅子树、千果榄仁、红椿、任木等。

保护区内茂密的原始森林以及潮湿的气候，是野生动物理想的栖息、活动和繁衍的场所。据初步调查，哀牢山自然保护区楚雄、双柏两个分区共有哺乳动物 86 种，分隶 27 科、63 属。其中列入国

LINREN XINCHISHENWANG DE CAIYUNZHINAN

家级保护动物的有黑长臂猿、短尾猴、树鼠、穿山甲、小灵猫、大灵猫、金猫、豹猫、云豹、水鹿、斑羚等，还有大量的黑熊、野猫出没于丛林中；旅鸟、冬候鸟和留鸟260种，云南地方特有的鸟类20种。其中属国家保护动物名录的珍稀类有鸳鸯、红腹角雉、绿孔雀、白鸟、白腹锦鸡、棕头鸥、绯胸鹦鹉、凤头鹰、雀鹰棕翅鹰、黑秃鹫、鹊鹞、蛇雕、猛隼等。保护区内，还有爬行动物39种，隶属9科、27属；两栖动物26种，隶属8科、16属，其中的哀牢髭蟾、哀牢蟾蜍、景东齿蟾为哀牢山的特有种。

保护区森林土壤内还有繁盛的微生物。林下的凋零物和表土层，是表霉菌属、曲霉属、木霉属、头孢霉属等小型真菌活跃的场所；林内的倒木枯枝，是香菇、木耳的营养基地。在这块保护区内，有天然食用菌14种。

哀牢山国家自然保护区地处红河上游礼舍江流域段，具有完整的水源供养，其所处的地理位置，蕴藏的生物种类，保存的森林面积和完整的生态系统，对保护、挖掘、发展和合理利用生物群体的自然演变规律，发挥森林资源的经济生态效益，有着重要的作用。

2. 元谋人遗址

位于云南元谋县大那乌村北约 500 米的山腰，距县城 7 千米。它是迄今为止所发现的中国人最早的老祖先的遗址。

1965 年 5 月 1 日，地质工作者钱方、蒲庆余等一行在大那乌村北从事第四纪地质考察时，偶然发现两颗呈浅灰色，石化程度很深的一左一右的猿人上内侧门牙齿化石。经研究分析，这两颗牙齿化石同属一个男性成年人个体，形态特征与"北京猿人"相似，但较粗壮，具有明显的原始性状。经中国科学院古脊椎动物古人类研究所用古地磁测定，生存年代距今约 170 万年，为亚洲最早的原始人类。早于"蓝田人"、"北京人"等猿人，从而把中国发现的最早人类化石的年代推前了 100 多万年。元谋人遗址还出土了 7 件石器，均为刮削器。在化石层出土了大量的碳屑和两件烧骨，这表明元谋人在当时已学会用火了，元谋人亦是目前所知最早的用火人。在遗址中还找到一些有明显人工痕迹的动物骨片，说明当时的元谋人已会制造骨器和简单的工具了。

元谋人遗址的发现，具有重大的历史意义和科研价值，中国及一些国家已将此发现写进了教科书。1982 年 2 月，国务院公布元谋人遗址为第二批国家级重点文物保护单位。元谋人遗址有纪念碑，不远处有博物馆，馆内陈列着元谋人牙齿化石的标本，古生物化石及其他有关实物、资料。

3. 元谋土林

位于楚雄彝族自治州元谋县境内，距县城 12 千米，面积达 50 平方千米。如今，元谋土林与路南石林、陆良彩色沙林并称为云南三大天造奇林。

在土林风景区内，土柱如林，最高的土柱高达 42.8 米。土柱造

型千姿百态，有的像利刃，直指蓝天；有的像古城堡，巍然屹立；有的状如动物；有的酷似人形，令人叹为观止。由于土林的沙砾中含有多种矿物质，使得土林呈现出粉红、浅绿、橘黄、玫瑰红等色泽。此外，在土林沙砾的岩层中，还发现砾属硅化木、剑齿象、羚羊、犀牛等动植物化石。

4. 狮子山

位于武定县的狮子山山体南北走向，与乌蒙山遥遥相望，山顶平阔，由南向北缓缓下斜，山顶四周是百余米高的陡峭悬崖，悬崖之下，是一片缓冲坡地，狮子山因山形像一头狮子而得名。

狮子山海拔 2419.8 米，山脚的武定县海拔 1740 米，高差 679.8 米。风景区总面积 13.6 平方千米，整个风景区由古刹景区，悬岩景区、林海景区组成，共 36 个景区。

狮子山风景区的入口处为古刹景区，以正续禅为中心，周围元、明、清各时期的古迹甚多，森林茂密。古刹景区共有景点 11 个，其中以正续禅寺为胜景，正续禅寺至今已有 670 多年的历史，经过历代修复扩建，现有殿宇亭阁 110 多间。建筑依山就势，布局严谨。大雄宝殿是禅寺的主体建筑，为五檐歇山顶式土木结构，建筑面积 454 平方米，大殿南北各有 3 间楼房陪殿。北侧的方丈室，独立成院，古雅清幽，春季牡丹盛开，金秋丹桂飘香。正续禅寺后面的悬岩景区，是一条南北走向长 3 千米、高 100 多米的石壁，形成一道巨大的台阶，地势十分险峻，只有几处攀缘登上山顶。在这条石壁上，有上倚绝壁下临深谷的仅容 1 人通过的鸟道天梯、有抬头只见一线天的深渊、有奇形怪状似人似兽的奇岩怪石、有依岩就势修建的飞阁悬亭、云桥栈道，还有岩洞石室、飞泉瀑布、老树古藤，自然景观十分丰富。

5. 紫溪山森林公园

紫溪山森林公园位于楚雄市西南，距市区 20 多千米，交通十分方便。风景区总面积 1.6 万公顷，森林覆盖率达 96% ，主峰海拔 2500 米，为云南省最大的天然公园。整座山峰郁郁葱葱，森林茂密，植物种类多，古刹林立，景观独特。

紫溪山以万松岭为中心向四周辐射，景区内峰峦起伏、森林茂密、古木苍天。有万年古藤、千年银杏和 650 余年历史的大茶花树，有 1500 多种植物，136 多种鸟类，60 多种动物。三尖杉、香水月季等珍稀植物较多，绿孔雀、棕颈犀鸟、白鹇等珍禽栖于林中，是一个令人神往的植物王国和百余种鸟兽聚居的世界。

紫溪山盛产茶花，据当代植物学家考证，至少在 1000 年以前，山间就有人工种植的茶花，现存留下来的一株"童子面"，一树能开两色花，先开红花，后开白花，已成为茶花的奇观，是目前国内已知人工栽培最早的茶花。紫溪山茶花不但树龄早，而且品种之多，花色之全，在滇中首屈一指。民间有"云南茶花甲天下，紫溪茶花甲云南"之说。

紫溪山曾一度是滇中有名的佛教圣地，山间古刹林立，历代都有一些名士高僧在此修行。历史上，紫溪山曾以 66 座林、77 座寺、88 座庙而享誉四方，后多被毁。现存有楚雄州境内最大的一座寺庙山藏古寺——紫顶寺。紫顶寺由山门、天王殿、大雄宝殿、藏经楼组成，具有一定的规模，供奉的是弥勒佛。现存的一方摩崖石刻《护法明公德运碑》，已成为云南历史的重要资料。

迪庆藏族自治州

地理位置

迪庆藏族自治州位于云南省西北部滇、藏、川三省区交界处，西北接西藏自治区，东临四川省，东南与丽江市毗邻，西与怒江傈僳族自治州接壤。

基本情况

【面积】23870 平方千米

【人口】约 34 万

【电话区号】0887

澜

梅里雪山

卡格博峰

德钦

白茫雪山

沧

茨中天主教堂

江

巴

拉

河

碧壤峡谷

纳帕海

松赞林寺

中甸

碧塔海

白水台

哈巴雪山

迪庆藏族自治州

【邮政编码】674400

【首府】中甸

中甸是香格里拉的中心，是迪庆藏族自治州的首府，与四川、西藏交界，自古以来就是云南、西藏茶马古道的必经之地。2001年12月17日，国务院批准迪庆藏族自治州中甸县更名为香格里拉县。

【下辖地区】香格里拉县 | 德钦县 | 维西傈僳族自治县

民风民俗

藏族

藏族是我国少数民族之一，主要分布在西藏、四川、青海、云南等省。迪庆是云南省唯一的藏族自治州，迪庆居民以藏族为主，占50%以上，因此民族节日多为藏族节日。

藏族男性服饰分勒规（劳动服饰）、赘规（礼服）、扎规（武士服）三种：

（1）勒规，随着一年四季气候的变化，勒规也随之变化。春夏季，男子上身普遍穿棉布或白茧绸镶锦缎齐腰短衬衫，左襟大、右襟小，再穿棉、毛料缝制的圆领宽袖长袍，藏语叫楚巴，一般用加差朵拉（七彩大花带子，用红、绿、青、紫等七色条纹装饰毛料长带，长约2米，宽约20厘米）将楚巴围系在腰间，两袖交叉经前腹围系在腰后，长跑下垂的部分边沿齐于

膝盖，腰部形成一个囊带，用来装随身携带的物品。裤子腰围、开裆和裤脚都很宽广，脚穿短统藏鞋，头戴毡礼帽。秋冬季衣裤均为牛羊皮革制品，或用人造裁绒缝制的。楚巴亦为毛料或羊皮，头戴有护耳的皮帽，脚穿长筒皮鞋或皮底绒帮的自制藏鞋。

（2）赘规为节庆盛装和礼仪服饰，选料昂贵、做工精致，是藏族服饰的精品。

男性赘规上衣分内外衫：内衫，藏语称囊规或对搪，多选用丝绸和茧绸布料，颜色普遍为白色、紫色、浅黄色，对襟高领，襟边和领口均用金边或银边镶嵌，也有选各种颜色纹花的绸缎作布料的，内衫均为齐腕长袖；外衫，藏语称交规或崩冬，选印有圆寿、妙莲及其他花卉图案的锦缎为料，样式与内衫相同，只是无袖。楚巴领子、袖口、下摆或以水獭皮，或以豹皮，或以虎皮作装饰镶边，镶

边宽度尺许，最窄也有 5 寸，有的还要在镶边上用白皮毛拼成"庸仲仁姆"（象征坚固不摧、永恒常在）的图案，沿镶边内用窄于镶边的传统花色锦缎压边，再用金银扁线镶饰，有的镶三层边，最底层为水獭皮，上面是貂皮，最上面是虎皮，几乎楚巴的整个下摆都是被镶边覆盖。裤子均为白萤绸缝制，脚穿皮底绒帮的藏式长筒鞋子。男性的首饰主要有嘎乌，斜插腰刀，楚巴后摆做好漂亮的波状尾褶，佩挂嵌龙银刀，足蹬藏靴时，一幅康巴男儿的英俊形象和剽悍气质便会令人为之倾倒。

（3）扎规，使藏族男子倍显武士英姿勃发的阳刚之美，头戴狐皮帽，身穿貂皮镶边的氆氇或毛呢楚巴，腰插长刀，身佩挂护身符和长短枪。

藏族妇女冬穿长袖长袍，夏着无袖长袍，内穿各种颜色与花纹的衬衣，腰前系一块彩色花纹的围裙。

名胜景点

1. 梅里雪山

梅里雪山又称雪山太子，位于迪庆藏族自治州德钦县东北约 10 千米的横断山脉中段，怒江与澜沧江之间，平均海拔在 6000 米以上的有 13 座山峰，称为"太子十三峰"，主峰卡瓦格博峰海拔高达 6740 米，是云南的第一高峰。

梅里雪山分布着目前世界上最为壮观且稀有的低纬度山区现代冰川，共有明永、斯农、纽巴和浓松四条大冰川，其中最长最大的冰川是明永冰川。明永冰川从海拔 6740 米的梅里雪山往下呈弧形一直铺展到 2600 米的原始森林地带，绵延 11.7 千米，平均宽度 500 米，面积为 13 平方千米，年融水量 2.32 亿立方米，是我国纬度最南、冰舌下延最低的现代冰川。每当骄阳当空，雪山温度上升，冰川受热融化时，成百上千巨大的冰体就轰然崩塌下移，响声如雷、地震山摇，令人心惊动魄。

LINREN XINCHISHENWANG DE CAIYUNZHINAN

在植被区划上，梅里雪山属于青藏高原高寒植被类型，在有限的区域内，呈现出多个由热带向北寒带过渡的植物分布带。海拔2000米到4000米左右，主要是由各种云杉林构成的森林，森林的旁边，有着延绵的高原草甸。夏季的草甸上，无数叫不出名的野花和满山的杜鹃、格桑花争奇斗艳，竞相怒放，犹如一块被打翻了的调色板，在由森林——草原构成的巨大绿色地毯上，留下大片的姹紫嫣红。

独特的低纬度冰川雪山、错综复杂的高原地形、四季不分而干湿明显的高原季风气候，也使梅里雪山成为野生动物的天堂。这里有国家一级保护动物金钱豹、云豹、羚牛，有国家二级保护动物黑熊、小熊猫、猞狸、黑麝、大灵猫、小灵猫，还有珍稀的白尾稍虹雉和雉鹑，以及凤头鹰、红隼、血雉等113种鸟类。美国国家地理杂志将其列为世界上5片"最后的净土"之一。

2. 香格里拉峡谷

1996年，云南省人民政府组织了调研组，对"香格里拉"进行了为期一年的研究，从 7 个方面进行论证，得出"香格里拉就在云南迪庆"的结论，并于 1997 年 9 月 14 日在迪庆召开新闻发布会向世界宣布这一结论。

香格里拉素有"高山大花园"、"动植物王国"、"有色金属王国"的美称，是一个自然景观、人文景观富集区域。

香格里拉峡谷位于中甸至稻城的途中，距中甸约 110 千米。以碧壤峡谷为主的中甸北部峡谷群被统称为"香格里拉峡谷群"。

香格里拉峡谷以神秘幽深著称于世，其中以碧壤峡谷为主。碧壤峡谷中多是坡度为 70°～90°的悬崖绝壁，仰观顿觉摇摇欲坠。壁高在 1000 米以上，高耸入云，令人心惊胆寒。走进碧壤峡谷如走进一条蜿蜒曲折的深巷，峡谷最宽处 80 米，最窄处仅 10 余米，几欲相撞。香格里拉峡谷平均海拔在 3000 米以上，峡谷里的生态环境保护良好，满山遍布葱郁的冷杉、云杉，而且虽说是高海拔地区，在峡谷却能看见棕榈树长于其间。峡谷里还有一个中甸最大的卡斯特溶洞——赤土仙人洞。洞口石壁上天生有个脚印，五脚趾俱全，被视为世间少有的奇特景观。

3. 哈巴雪山

哈巴雪山位于香格里拉东南部，距香格里拉县城 120 千米，总面积 21908 平方千米。

哈巴雪山因巨大的海拔高低差异，形成了明显的高山垂直性气候，依次分布着亚热带、温带、寒温带、寒带气候带，山脚与山顶的气温差达 22.8℃，这种气候又孕育了垂直带状分布的生态系列。立体分布着高山寒冻植被带、高山草甸、高山灌木丛、山地常绿阔叶林带、干热河谷灌草丛带等，植物种类繁多，有虫草、贝母、珠子参、天麻、雪莲等名贵药材。在浓密的原始森林中，还栖息着许多珍贵动物，如滇金丝猴、野驴、雪豹、原麝、马麝等。

哈巴雪山主峰海拔高 5396 米，山顶终年冰封雪冻。主峰挺拔孤傲，四座小峰环立周围，远远望去，恰似一顶闪着银光的皇冠宝鼎。在海拔约 4700 米左右的地方，悬岩披挂着冰瀑，属我国纬度最南的海洋性温冰川。据说那些被冰川冲刷出的千奇百态的角峰、刃脊、U 形谷和羊背石，就是古冰川留下的遗迹。

4. 纳帕海自然保护区

纳帕海自然保护区位于中甸县城西北部,距县城8千米。保护区面积31.25平方千米,海拔3266米,湖泊积水面积660平方千米。

纳帕海保护区地势平坦,三面环山,纳曲河、奶子河等十余条河弯弯曲曲,流经草原注入纳帕海。海西北面的辛雅拉雪山山麓有天然落水洞9处,湖水经过溶洞,从尼西汤满排出,流入金沙江。

纳帕海保护区属气候湿润,牧草生长比同类地区快,青翠的碧草像一块巨大的绿色地毯,无穷无尽地铺展在大地上,几乎覆盖了一切。草原上的羊、牛、马有时各自成群,有时混杂交织,它们悠闲地吃着草,和辽阔的草原融为一体。西面的石卡、叶卡、辛雅拉三大雪山峭然挺立。雪山草原和牛羊组成了大西南的塞北风光,也使春季的纳帕海草原从柔美中透出无限的生机。

纳帕海是高原季节性湖沼。夏末秋初,雨水频降使湖面增大,秋末至次年夏初,湖水下落。初秋时节,成群的黑颈鹤、斑头雁、白鹤、黄鸭、麻鸭如期而至,在湖边沼泽觅食、嬉戏。纳帕海是黑颈鹤最理想的栖息地,也因黑颈鹤而扬名世界。

LINREN XINCHISHENWANG DE CAIYUNZHINAN

西双版纳傣族自治州

地理位置

西双版纳傣族自治州在云南省西南部，位于东经99°55′～101°50′，北纬21°10′～22°40′之间。东南与越南、老挝接壤，西南与缅甸毗邻，国境线长1069千米。境内最高点为勐海县东北桦竹梁子，海拔2430米；最低点在勐腊县澜沧江与南腊河交汇处，海拔477米。

云南西双版纳地图

基本情况

【面积】19582.45 平方千米

【人口】约 100 万

【电话区号】0691

城市 地区

【邮政编码】666100

【下辖地区】景洪市｜勐海县｜勐腊县

气候特征

西双版纳傣族自治州属热带季风气候，日照充足，雨量充沛，一年内分干季和湿季，年平均气温在 21℃。干季从 11 月至翌年 4 月，湿季从 5 月至 10 月，降水量占全年降水的 80% 以上，终年无霜雪。年雾日达 108～146 天。景洪地区极端最高气温达 41.1℃，极端最低气温 2.7℃，常年适于旅游观光。

月份	一	二	三	四	五	六	七	八	九	十	十一	十二
平均气温℃	15.7	17.7	20.9	24.1	25.6	25.6	25.3	24.9	24.4	22.5	19.3	16.2

动植物资源

西双版纳是地球上北回归线沙漠地带上唯一的一片绿洲，被动植物专家称为"物种基因库"和"植物王国皇冠上的绿宝石"。

据统计，西双版纳境内共有植物 2 万多种，其中属热带植物 5000 多种，有食用植物 1 万多种，野生水果 50 多种，速生珍贵药材树 40 多种。许多植物是珍贵药材或具有特殊用途，如抗癌药物美登木；治疗高血压的罗芙木；健胃驱虫的槟榔；能当成高寒地区坦克、汽车发动机和石油钻探增黏降凝双效添加剂的特需润滑油料的风吹楠的种子油；可制成高级香料的被誉为"花中之王"的依兰香；有 1700 多年树龄的古茶树；会闻乐起舞、吃蚊虫的小草；见血封喉的箭毒木等。

西双版纳的原始森林给各种野生动物提供了理想的生息场所，目前已知鸟类 429 种，占全国鸟类总数的 2/3，兽类 67 种，占全国兽类总数的 16%，西双版纳鸟兽种类之多，是国内其他地方无法相比的。被列为世界性保护动物的有亚洲象、兀鹫、印支虎、金钱豹等；列为国家一级保护动物的有野牛、羚羊、懒猴等 13 种。

LINREN XINCHISHENWANG DE CAIYUNZHINAN

历史沿革

西汉时为哀牢地，东汉时属永昌郡名南涪。

唐南诏时名茫乃道，属银生节度地。

宋大理时名勐泐，为帕雅真统一西双版纳后所建"景陇王国"之地。元属彻里军民总管府。

明改属车里宣慰司。隆庆四年（1570年），宣慰使召温勐始建西双版纳，在今景洪市辖地置版纳景洪、版纳勐养、版纳勐龙、版纳勐旺、版纳勐海、版纳勐混、版纳勐阿、版纳勐遮、版纳西定、版纳勐腊、版纳勐捧、版纳易武十二个版纳。

1953年1月，西双版纳傣族自治州成立，复置版纳建制。

民风民俗

1. 热带花园

西双版纳在古代傣语为"勐巴拉那西"，意思是"理想而神奇的乐土"，西双版纳以神奇的热带雨林自然景观和少数民族风情闻名遐迩。

西双版纳是我国唯一的热带雨林自然保护区。这里气候温暖湿润，古木参天蔽日，蔓藤盘根错节，雾气弥漫，无数珍禽异兽活跃其间，景象如幻如梦。不同于独立于荒原的针叶林、错落有致的乔木林，热带雨林是铺天盖地的，层次和群落都特别丰富，生机茂盛得一丝空隙都不放过。上层是刺破云端的参天古木；中层乔木、蔓藤盘根错节，缠绕不休，不放过一丝阳光；底层落叶深厚，花草丛生。

2. 南国佛地

西双版纳的茫茫原野隔绝了中原的教化，却因与泰国、缅甸等东南亚国家近在咫尺，所以受到了泰国、缅甸等佛教（小乘佛教）的影响，于是西双版纳小乘佛教深入人心，处处可见充满东南亚风情的佛寺、佛塔，家家都有俗家弟子（男子少年之前都必须剃度侍佛，成年后还俗）。

西双版纳境内佛寺、佛塔星罗棋布，梵乐、诵经声阵阵唱和。寺庙建筑糅合了东南亚与傣族文化风格，别具特色。飞龙白塔是西双版纳佛塔的典范，圆形尖顶、塔身如玉、塔尖金黄，富有东南亚情调。景真八角亭亦是西双版纳有名的佛教建筑，基座高筑、锥型屋檐，又酷似傣家竹楼。这两座佛寺香火都十分鼎盛。

3. 孔雀舞

在傣族人民心目中，孔雀是善良、智慧、幸福、吉祥的象征。许多的人在家园中饲养孔雀，认为这样能带来吉祥。在种类繁多的傣族舞蹈中，孔雀舞是人们最喜爱、最熟悉，也是变化和发展幅度最大的舞蹈之一。

孔雀舞有严格的程式和要求，有规范化的地位图和步法，每个动作有相应的鼓语伴奏。孔雀舞的内容，多为表现孔雀飞跑下山、漫步森林、饮泉戏水、追逐嬉戏、拖翅、晒翅、展翅、抖翅、亮翅、点水、蹬枝、歇枝、开屏、飞翔等。感情表达内在含蓄、舞蹈语汇丰富、舞姿富于雕塑性，舞蹈动作多保持在半蹲姿态上均匀的颤动，身体及手臂的每个关节都有弯曲，形成了特有的三道弯舞姿造型，

LINREN XINCHISHENWANG DE CAIYUNZHINAN

手形及手的动作也较多，同一个舞姿和步伐，不同的手形或手的动作，就有不同的美感和意境。

孔雀舞的动作优美典雅、柔韧内在而又轻盈敏捷。有以下几个特点：

（1）表现在膝部柔韧的起伏，这是孔雀舞的特点，也是傣族民间舞蹈的共同特点。在变化万千的动作过程中，膝部始终是带韧性的起伏，但这种起伏又不是机械的平均起伏，而是随着内在和外在的感情变化而变化的。这样，使孔雀舞显得非常优美。

（2）通过小腿动作的快速、敏捷的颤动，眼睛的灵活转动运用而充分表现出孔雀的灵动。

（3）通过手臂、手腕、手指柔软刚韧的运用而表现出孔雀的柔韧轻盈，上述三个部位的动作柔软而不松软，具有刚韧的内在力量。手上每个舞姿的变化柔软而刚韧。这样的动作韵律，把孔雀温顺、善良、稳重的性格表现得十分完美。

（4）孔雀舞以表演者的身体各部位组成优美典雅的三道弯造型，这种别具一格的曲线形图，再现了孔雀窈窕的体态。孔雀舞三道弯的造型与其他民间舞稍有区别，一般送出的胯部与倾斜的上身方向是相反的，关节部多用顺倒，即倒向上身倾斜的方向。

4. 泼水节

泼水节是傣族最隆重的节日，也是云南少数民族中影响面最大，参加人数最多的节日。泼水节是傣族的新年，相当于公历的四月中旬，一般持续 3~7 天。第一天傣语叫"麦日"，与农历的除夕相似，傣语叫"宛多尚罕"，意思是送旧。此时人们要收拾房屋，打扫卫生，准备年饭和节间的各种活动；第二天傣语叫"恼日"，"恼"意为"空"，按习惯这一日既不属前一年，亦不属后一年，故为"空

令人心驰神往的彩云之南

城市地区

153

日"；第三天是新年，叫"麦帕雅晚玛"，意为岁首，是傣历的元旦，人们把这一天视为最美好，最吉祥的日子。

在"麦日"，一大清早人们就要采来鲜花绿叶到佛寺供奉，担来清水"浴佛"——为佛像洗尘。"浴佛"完毕，集体性的相互泼水就开始了。一群群青年男女用各种各样的容器盛水，涌出大街小巷，追逐嬉戏，逢人便泼。"水花放，傣家狂"、"泼湿一身、幸福终身"！象征着吉祥、幸福、健康的一朵朵水花在空中盛开，人们尽情地泼，尽情地洒，笑声朗朗。

泼水节也是未婚青年男女们寻觅爱情、寻找幸福的美好时节。泼水节期间，傣族未婚青年男女喜欢做"丢包"游戏。姑娘手中用花布精心制作的花包，是表示爱情的信物。"丢包"那天，姑娘们极尽打扮之能事，然后打着花伞，提着小花包来到"包场"与小伙子们分列两边，相距三四十步，开始向对方丢花包。小伙子若是接不住姑娘丢来的花包，就得把事先准备好的鲜花插在姑娘的发颤上，姑娘若是接不着小伙子丢来的包，就得把鲜花插到小伙子的胸前，如果看上了谁，就尽力接住对方丢来的花包。

赛龙舟是泼水节最精彩的项目之一，常常在泼水节的"麦帕雅晚玛"举行。那日，穿着节日盛装的群众欢聚在澜沧江畔、瑞丽江边，观看龙舟竞赛。江上停泊着披绿挂彩的龙船，船上坐着数十名精壮的水手，号令一响，整装待发的龙船像箭一般往前飞去，顿时整条江上，鼓声、锣声、号子声、喝彩声，此起彼伏、声声相应，节日的气氛在这里达到了高潮。

傣族人民能歌善舞，泼水节自然也少不了舞蹈。大规模的舞蹈主要安排在泼水节的第三天，如象脚舞和孔雀舞等。从七八岁的娃娃到七八十岁的老人，都穿上节日盛装，聚集到村中广场，参加集体舞蹈。象脚舞热情、稳健、潇洒。舞者围成圆圈，合着锰锣、象脚鼓翩翩起舞，还有不少舞者尽情挥洒自己的即兴之作，有的边唱边跳，有的边跳边喝酒，如痴如醉、狂放不拘，连续跳上几天几夜也不知疲惫。

放高升是泼水节的一项保留节目。高升是傣族人民自制的一种烟火，将竹竿底部填以火药和其他配料，置于竹子搭成的高升架上，接上引线，常在夜晚燃放。放高升时，点燃引线使火药燃烧便会产生强劲的推力，将竹子如火箭般推入高空。竹子吐着白烟，发出嗖嗖的尖啸声，同时在空中喷放出绚丽的烟火，光彩夺目，甚是美妙。地上则欢呼声、喝彩声此起彼伏，好不热闹。高升飞得越高越远的寨子，人们就觉得更光彩、更吉祥。

名胜景点

1. 西双版纳自然保护区

西双版纳属于热带雨林气候区，长夏无冬，又因为森林茂密、绿阴笼罩，所以夏季气温并不高，四季凉爽宜人。西双版纳自然保护区是国家级重点保护区之一，总面积为 2420.2 平方千米，其中有 70 平方千米是从来没有遭到破坏的原始森林。西双版纳自然保护区共分为 5 大片区：

（1）勐养自然保护区

勐养自然保护区位于景洪市，面积 1000 平方千米，以山原和侵蚀山地为主，海拔在 800～1300 米。这片保护区内多为南亚热带常绿阔叶林和一些次生竹林以及草地。

勐养自然保护区的南部，有一个令人神往的森林公园和观赏野象活动的景区——野象谷。保护区内现存亚洲象近 300 头，是我国境内野象的唯一聚集地，现驯养大象 20 头（含表演象），是我国第

LINREN XINCHISHENWANG DE CAIYUNZHINAN

一所驯象表演学校。野象谷长约 15 千米，属热带沟谷雨林和季雨林的混合地带，气候温暖湿润，适合野象的生长。

漫步在保护区中，处处可见野象出没和活动的痕迹，如果够幸运的话，在傍晚之际或黎明之时还可以看到林间漫游的野象群。

（2）勐仑自然保护区

勐仑自然保护区位于勐腊县西部罗梭江与南品河交汇处，分为3块，分布在勐仑盆地的西部、东北部和东南部，面积约 112.4 平方千米。保护区内多为海拔较低的低山、中低山，海拔在 600 ~ 1000 米。

（3）勐腊自然保护区

勐腊自然保护区位于勐腊县以北，呈两侧宽中部狭窄的蝴蝶状，分布于瑶区和勐伴两侧，面积 929 平方千米，以侵蚀中山峡谷为主。山地上大部分为季雨林和南亚热带常绿阔叶林。

（4）尚勇自然保护区

尚勇自然保护区位于勐腊县城南部，面积约 305 平方千米，以热带雨林、季雨林植被为主。

（5）曼搞自然保护区

曼搞自然保护区位于勐海县中部，面积 73.4 平方千米，是西双版纳自然保护区最小的一片，海拔在 1300～1500 米，植被为南亚热带落叶阔叶林。

2. 曼典瀑布

曼典瀑布位于景洪西南方向 27 千米处，系纳板河流域生物保护区的边沿。曼典瀑布分为左、中、右三道，左侧水帘宽而涌，任何时节都有瀑水飞流直下，中间一道的水帘比左右两侧都小，枯水季节会变为涓涓细流。曼典瀑布落差约 20 米、宽 15 米，瀑水从高处飞落下来，冲入深谷，发出震耳之声。俯视瀑水飞落入谷，水雾蒙蒙，偶见白色水花如珍珠般在水雾中跳跃。

曼典瀑布身处在一片原始森林中，河床两岸是典型的沟谷雨林植被，瀑布悬挂的岩顶，更是古木遮天，浓阴密布。瀑布两旁有着复杂多样的林层，常绿阔叶乔木挺拔向上，争抢光热，在高层伸展枝叶；中层是正在成长的乔木天地；林下灌木丛生，古藤曲蔓相互交织缠绕着大树，拉着小树，形成一派沟谷林景。

3. 独树成林

在西双版纳的热带雨林、热带季雨林里，独树成林的景观比比皆是。大榕树除主干外，还在枝干上生出许多根插入土中，支柱根又变成了另一棵树，形成树生树、根连根的壮观景象。

在打洛镇边境贸易区内的曼掌寨子旁，距离打洛镇政府以南 3.5 千米，靠近中缅边境的地方有一棵古榕树，它已有 900 多年的树龄，共有 31 条根立于地面，树高 70 多米，树幅面积 120 平方米，枝叶既像一道篱笆，又像一道绿色的屏障，成为热带雨林中的一大奇观，打破了"单丝不成线，独树不成林"的俗语。

4. 西双版纳民族风情园

民族风情园距景洪 1 千米，修建在风景秀丽的澜沧江与支流流沙河汇合处，占地 30 公顷，园内遍布各类热带树木及果林。

民族风情园分为南园和北园，园内培植有热带果木、奇花异草，

修有多条游览道，建有 6 幢小巧典雅、风格各异的干栏式竹楼，用于展示世居西双版纳的傣族、哈尼族、拉祜族、布朗族、基诺族、瑶族等少数民族的民族风情。园内还建有高大宏伟的西双版纳解放纪念碑和场面宽敞、内容丰富的运动场、民俗斗鸡场、民族歌舞表演场、泼水场、大象表演厅、孔雀馆、鳄鱼池、百鸟园等设施。

民族风情园的前身是热带果木林场，园内种植着芒果、荔枝、柚子、杨桃、菠萝蜜、椰子等热带水果 600 多亩、咖啡 50 亩，还有速生林、翠竹、棕榈、槟榔、砂仁等珍贵植物。各种热带果树，错落有致、独自成林，在临近后门之处，椰子树挺拔、槟榔树亭亭玉立。在空中花园的点缀下，热带花卉争奇斗艳，后侧是蓬蓬柚树，株株芒果，间夹高大的菠萝蜜和矮壮的香蕉；左侧又是翠竹成林，有清泉倒映竹影。

民族风情园已成为展示以傣族为主体的多民族风情和热带风光兼容的旅游、游乐的综合性公园。

5. 橄榄坝

橄榄坝，在傣语中叫做"勐罕"，"罕"意思是卷起来。传说，佛祖释迦牟尼到这里讲经，教徒们就用棉布铺在地上，请佛祖从上面走过去，佛祖走过去后，教徒又把布卷起来，"勐罕"就是这样得名的。

橄榄坝位于澜沧江的下游，距景洪只有 40 千米，面积只有 50 平方千米，澜沧江从坝子（小盆地）中心穿过。海拔只有 530 米，是西双版纳海拔最低的地方，也是气候最炎热的地方，不过，这炎热的气候也给橄榄坝带来了丰富的物产，有椰子、槟榔、香蕉、芒果、荔枝、杨桃、菠萝蜜、西番莲等，除鲜果外，橄榄坝还出产大量的果脯。

人们把橄榄坝比作开屏孔雀绚丽多彩的尾巴，而橄榄坝上布满了美丽富饶的傣族寨子，就像装点在孔雀尾巴上闪亮的花斑。曼松满（也就是花园寨）和曼听（花果寨）是两个比较大的寨子，无论

LINREN XINCHISHENWANG DE CAIYUNZHINAN

哪一个寨子都有典型的缅寺佛塔和传统的傣家竹楼。每座竹楼外面，都是用竹片作篱笆，围成一个大大的院子，用来种菜和栽果树。寨子周围到处是铁刀木树，又叫挨刀树，这种树砍了又发，越砍越发。傣族很注意保护自然环境，他们在寨子周围种上这种铁刀树作为烧柴以保护当地的森林资源。

6. 曼飞龙佛塔

曼飞龙佛塔在景洪县大勐龙一个叫做曼飞龙寨子旁的山顶上，距景洪70千米，是西双版纳著名的佛塔群。有人把它叫做"笋塔"，这是形容群塔像春笋一样拔地而起。还有人因其洁白，唤作"白塔"。

塔群建在山顶，共9座，塔基呈多瓣形，周长42.6米。其中主塔高16.29米，四周环抱着8个小塔，分布在8个角，每座小塔高9.1米，塔身为多层葫芦形。一座母塔，8座子塔，乍看起来很像是一丛刚劲挺拔的大竹，又像是拔地而起的粗壮竹笋，雄伟壮观。每座小塔塔座里都有一个佛龛，佛龛里有一尊佛雕和一个佛像，佛龛上还有泥塑的凤凰，凌空飞翔，门口是两条泥塑的大龙。8个金色小塔顶上，每座挂有一具铜佛标，母塔尖上还有铜质的"天笛"，山风吹来发出叮叮当当的响声。塔上各种各样的彩绘、雕塑、秀丽优美。

怒江傈僳族自治州

地理位置

怒江傈僳族自治州位于云南省西北部，因怒江由北向南纵贯全境而得名。北接西藏自治区，东北临迪庆藏族自治州，东靠丽江市，西南连大理白族自治州，南接保山市。

LINREN XINCHISHENWANG DE CAIYUNZHINAN

基本情况

【面积】14073 平方千米

【人口】约49万

【电话区号】0880

【邮政编码】673200

【下辖地区】泸水县（六库镇）｜福贡县｜贡山独龙族怒族自治县｜兰坪白族普米族自治县

气候特征

怒江傈僳族自治州属亚热带山地季风气候，具有立体气候的特点。常年气候温和，雨量充沛，空气湿度高。海拔1400米以下的低热河谷区，气温最高，热量丰富，年平均气温16.8℃～20.1℃，最热月气温21.7℃～24.7℃，最冷月气温11.1℃～13.6℃；海拔1800～2300米的中高山区，年平均气温15.1℃～11.1℃，最热月气温19.3℃～17.8℃，最冷月气温9.1℃～3.2℃；海拔2300米以上的高山区，年平均温度在11.0℃以上，这里是全州气温最低，热量最差的地区。全州每年总降水量约为286亿立方米，还有青藏高原、迪庆藏族自治州流入的过境水量，总径流量为873亿立方米。

自然资源

1. 土地资源

怒江傈僳族自治州位于"世界屋脊"青藏高原南延部分横断山脉纵谷地带，是闻名于世的高山深切割地貌。因受各种成因土因素的综合影响，境内形成的土壤种类型较为复杂，全州共有11个种类、29个土属，55个土种，其中水稻土29个，旱地土35个，形成水平、垂直、区域性分布特点。

怒江傈僳族自治州的泸水、福贡、贡山三个县土壤偏酸，兰坪县土壤偏碱。土壤有机质含量高，钾元素丰富。海拔 1500 米以下的河谷江边，主要为赤红壤，红壤；海拔 2000 米左右的半山区，主要为黄红壤、黄棕壤；海拔 2500～3000 米的高山区主要为棕壤、暗棕壤；3000 米以上，依次为灰棕森林土和高山草甸土。

2. 森林资源

怒江傈僳族自治州森林覆盖率为 34.65%，蓄积量为 13789.58 万多立方米，是云南省森林覆盖率比较高、原始森林面积比较多的地区。其中珍稀林木的蓄积量更为可观，有秃杉（台湾杉）、珙桐、三尖杉、楠木、紫檀、香樟、乔松等，经济林木如漆树、油桐等。

3. 水能资源

怒江傈僳族自治州水能资源丰富，是它得天独厚的自然优势，主要河流有怒江、澜沧江、独龙江，从水系上可分为怒江、澜沧江、伊洛瓦底江（独龙江）三大水系。

民风民俗

1. 傈僳族

傈僳族是我国少数民族之一，主要分布在云南、四川等省。傈僳族男子服饰：上身穿一件用 10 多个麻布丝纽子对排相扣的麻布对襟短衣，个别地区男子着长衫；下穿一条大裆麻布裤子，有的头戴瓜皮小帽或以青布包头，或不戴帽而喜蓄一咎发辫缠于脑后。头人及个别富庶人家的男子，则爱在左耳上戴一串大红珊，以表示自家富有，在人们心目中和社会上享有荣誉、尊严和地位。大多数男子脚穿自家编织的草鞋或用麻线编织的麻草鞋。特别不可缺少的是，成年男子都要在右腰挂一个用熊等兽皮制成的箭包，用来盛箭，身背导弓，犹如一名武士，给人一种粗犷、洒脱、刚毅、威武的感觉。

傈僳族妇女的服饰非常美观，按照各地所穿着的服饰颜色的差异，又分为白傈僳、黑傈僳、花傈僳三种。白、黑傈僳妇女普遍穿右衽上衣，麻布长裙。已婚者耳戴大铜环或银饰，长发垂肩，头上

城市
地区

以珊瑚、珠料为饰。年轻姑娘喜欢用缀有小白贝的红绒系辫。有些妇女还喜欢在胸前佩一串玛瑙、海贝或银饰。泸水县一带的黑傈僳妇女则不穿长裙，上衣右衽，腰间系一小围裙，长裤，青布包头，耳戴小珊瑚一类的饰品。永胜、德宏一带的花傈僳服饰更为鲜艳美观，妇女均喜欢在上衣及长裙上镶绣许多花边，头缠花布头巾，耳附大铜环或银环，裙长及地。行走时身段显得婀娜多姿，优美迷人。

2. 傈僳族的酒文化

傈僳人认为"无酒不成礼"，酒是他们宴宾待客必不可少的饮料。按传统习俗，饮宴伊始，主人要先将自己的竹筒杯斟满，并往地上洒倒少许，表示祭祖先，接着自己先举杯略饮，表示酒是好的，然后才将客人的酒杯一一斟满，双手捧献给客人饮用。

在傈僳族的饮宴习俗中，最有趣的莫过于饮"同心酒"了。"同心酒"亦称"合杯酒"、"双边酒"等。是指2人同捧一筒或一碗酒，相互搂着对方的脖子和肩膀，一起张嘴仰面同饮，使酒同时流进主客双方嘴里的饮酒习俗。饮用同心酒，一般不分男女，亲朋挚友或恋人之间均可进行。过去常用于招待贵客、签约盟誓或结拜兄弟等场合。同心酒象征着团结和友谊，酒席宴中，如果傈僳族同胞邀请你同杯共饮的话，那就意味着他对你充满了信任，把你当成了朋友。

3. 傈僳族

居住在怒江峡谷附近的傈僳族人民至今仍保留着"春浴"的风尚。凡沿江两岸有温泉的地方，都是人们欢聚沐浴的场所。春节期间，人们带着年食、行李在离温泉不远的地方塔起竹棚，或找岩洞歇宿。在温泉住上三五天，进行沐浴。温泉分上池和下池，一般情况男子在上池，妇女在下池，但距离较远。有的地方每天洗五六次，他们认为只有反复洗浴，才能消除疾病，增强免疫力，才能有充沛的精力投入到新一年的劳动生产中。在六库附近的温泉地区，早在一百多年前，就形成了群众性的"温泉赛诗会"。届时，数千米外的歌手们都要赶来赛歌对诗。每当这个时刻，温泉附近点点白色的帐篷，日夜不熄的篝火边摆着甘凉的米酒和香喷喷的年食，歌手们一面吟诗对歌，一面品尝各自带来的美酒佳肴。借助"春浴"赛诗对歌潜移默化的影响，陶冶了人们的情操，培育了团结友好的社会风尚。

4. 斯叶黑

怒江傈僳族自治州福贡县的腊竹底和独龙江的马库，有一种树，当地群众称它"斯叶黑"，意思是能出面粉的树。

"斯叶黑"一般生长在阴凉的深箐里，树高可达十几米，成树直径达 1 米，树叶宽 1 米左右，长 3 米多，与芭蕉叶十分相似。"斯叶黑"含有大量淀粉，七八月份是其淀粉成熟的最佳时期，当地群众获取这种淀粉，可算是行家里手了。他们先将成绩砍来，用木棒或斧头在绩杆上不断地敲击，淀粉便一团团震落下来，晒干即成细粉，这就是树面粉，或者叫它"斯叶黑"面。

当地居民用树面粉烙粑粑或用香油煎食，松软适度、味美可口。还可以直接用开水加糖搅拌冲食，味鲜适度，真可算是山珍中的一绝了。当地居民在漫长的历史过程中充分了解了面粉树的性能，斯叶黑面不仅能食用，还能止泻，是止泻的良药。

🌸名胜景点

1. 怒江大峡谷

怒江大峡谷位于滇西横断山纵谷区三江并流地带，东边是碧罗雪山，西边是高黎贡山，两岸的许多山峰海拔都超过 4000 米，峰顶积雪皑皑，而怒江河床海拔仅 800 米左右，河谷与山巅高差 3000～4000 米，形成著名的怒江大峡谷。峡谷长达 621 千米，在云南段长300 多千米，平均深度为 2000 米，最深处在贡山丙中洛一带，达3500 米，有"东方大峡谷"之美誉。

怒江大峡谷山高、谷深、水急，两岸白花飘香，山腰原始森林郁郁葱葱，冬春两季冰雪覆盖，景色如画。峡谷内素有"十里不同天，万物在一山"之说。立体气候产生的主体植被、珍稀动植物、名花异卉、稀世药材，成片成林地点缀着峡谷胜景的自然美。

珍稀的植物中，被列为国家一级保护植物的有树蕨、秃杉、珙桐；二级保护植物的有三尖杉、清水树等；三级保护植物的有天麻、雪山一枝蒿等 20 多种。珍惜的动物中，被列为国家珍稀保护动物的有虎、灰腹角雉、热羚、红岩羊、滇金丝猴、叶猴、小熊猫、齿蟾等。

怒江大峡谷分布着傈僳族、怒族、独龙族、白族、普米族等十几种少数民族，形成了独特的民族风情：傈僳族传统的对歌、"澡堂

会"、"刀杆节"，充满神秘色彩的怒族"鲜花节"和带有浓厚的原始宗教色彩的独龙族剽牛祭天活动以及各民族的婚姻习俗、衣食住行、丧葬礼仪、祭祀活动、图腾崇拜等的丰富多彩的民族风情，加上峡谷特有的雪山林海、急流飞瀑、岩峰峡谷、汩汩温泉、座座溶洞、高山湖泊风景，使怒江大峡谷形成了自己独特的魅力。

2. 碧罗雪山

碧罗雪山是西玛拉雅山的余脉，属于横断山脉，是贡山县与迪庆藏族自治州德钦县交界线及怒江与澜沧江的分水岭。原始生态系统保存十分完整。

碧罗雪山在兰坪境内绵延 142 千米，跨地面积约 1199 平方千米。海拔 3500 米以上为草山岩石；海拔 2800 ~ 3500 米之间为松、杉等针叶林；2800 米以下为混交林和灌木林。

春夏之交，山中云雾腾升，登临绝顶观旭日东升或夕阳西下，颇为壮观。东面的玉龙雪山、哈巴雪山、金丝厂雪山、老君山、雪邦山在云海中犹如波浪滔天的大海。碧罗雪山从夏初到秋末积雪不化，即便盛夏，天一阴就雨雹交加，大雪纷飞，故水源丰富，每秒 0.5 立方米以上流量的河流就有 24 条，向东注入澜沧江。

碧罗雪山有大小水潭 30 多个，其中最大的念布依奔龙谭有 300 多平方米。山上还有许多珍贵动植物、药材：虎、豹、熊、山驴、马鹿、麂子、獐子、野猪、豺狼等走兽；雪鸡、白鹇、箐鸡、雉鸡、鹦鹉等飞禽；贝母、黄连、虫草、雪莲、雪当归、党参、杜仲等名贵药材。

3. 高黎贡山

高黎贡山，是我国西南部横断山系的大山之一。北起青藏高原南部至德宏傣族景颇族月治州北部止，绵延 500 千米。怒江傈僳族自治州境内部分长 300 多千米，海拔 4000 米以上的山峰有 20 余座。高黎贡山为怒江、恩梅开江两大水系分水岭，其中贡山独龙族怒族自治县南部至泸水县北部一段为中缅界山。主峰嘎娃嘎普蜂在贡山独龙族怒族自治县境内，海拔 5128 米。西汉武帝筑西南驿道与缅、印通商，路经南段，属永昌地唐南诏王异牟寻封境名山大川时为西岳。

高黎贡山森林覆盖率达 85%，高山峡谷复杂的地形和悬殊的生态环境，为各种动植物提供了有利的自下而上条件。高黎贡山巨大的山体阻挡了西北寒流的侵袭，又留住了印度洋的暖湿气流，使地处低纬度高海拔的保护区，形成了典型的亚热带气候。在东西坡海拔 1600～2800 米地区，是自然保护区的主体，它连接东喜马拉雅区，组成了我国最引人注目的原始阔叶林区。

高黎贡山还是云南省重要的植物、动物宝库。在高黎贡山国家级泸水保护区内，生长着珍稀保护植物 43 种，属国家级保护的有秃杉、桫椤、长蕊木兰、滇桐、水青树等 20 余种。在原始森林中还生活着 100 多种兽类和 260 多种鸟类，其中属珍稀保护的动物有蜂猴、白头叶猴、白尾长臂猿、云豹等数十种兽类和白尾梢红雉、绿孔雀、白雉、红尾角雉、白鹇等十余种禽类，而滇金丝猴更是高黎贡山的一宝。

4. 听命湖

听命湖位于泸水县片马东北部，距离高黎贡山风雪丫口 600 米的地方。海拔约 3540 米，从泸水县出发到听命湖，要攀越陡峭的山谷，穿过茫茫林海和高山灌木林，道路崎岖。

听命湖清碧透明、水深莫测、凛冽如冰，四周森林密布，野生动物在四周栖息游荡，国家保护珍稀动物灰腹角子雉、山驴、金丝猴、小熊猫、羚羊等就常年生活在这里。湖区的景色随着四季的变化而不同：春天，雪山融化的涓涓雪水汇入湖中，漫山的杜鹃点缀四野，这里是一片苏醒的野生动物的乐园；夏天，葱绿的林间百花盛开，云海茫茫；秋天，碧蓝的湖水倒映着岸边金黄的树叶，秋高气爽；冬天，寒凝大地，这里一片宁静。

听命湖笼罩着神秘的色彩，人们到这里只能轻声细语地说话，

LINREN XINCHISHENWANG DE CAIYUNZHINAN

如果大声喊叫，顷刻间便会风雨交加，冰雹突然而至，因此人们又把它称作迷人湖。其实，这都是湖区上空弥漫着饱和水分的浓雾，遇到声波震动，就凝聚成雨和冰雹的缘故。过去，凡遇到大旱之年，山下的百姓就准备好祭祀品和雨具，到听命湖畔祈求天神降雨。人们摆好祭品，搭好雨棚，然后载歌载舞，瞬息，听命湖上空便乌云翻腾，风雨随之而来。

5. 允燕佛塔

允燕佛塔又称曼勐町塔，位于盈江县城以东 1 千米的允燕山上，"允燕"是傣语，意为吉祥、欢跃、令人向往的地方。允燕佛塔是云南小乘佛教最重要的佛塔之一，佛塔始建于 1947 年，历时 8 年才竣工，虽然是近代产物，但古风浓郁，被列为云南省重点文物保护单位。

允燕佛塔坐南朝北，从参天荫绿的榕树旁，顺着 4 米宽、80 米长的水泥台阶上至塔的前沿就可通览塔的全貌。允燕佛塔是一座缅式佛塔，塔基平面呈正方形，该塔底部占地面积 400 平方米，由一座主塔和 40 座小塔组成，从塔基起，塔座分四层，逐层内收升高，托直圆锥塔体，高低错落，主次分明，均呈方锥体形。将佛教文化和傣族传统建筑融为一体，高低错落，气势雄伟。

允燕佛塔附近还建有民族节日的文物标志"目脑石栋"和"泼水塔"，每年正月十五至十七日是景颇族的"目脑纵歌"节；清明节后第七天开始后的三天是傣族的泼水节。届时，各民族群众穿着盛装，在这里载歌载舞，尽情欢乐。

德宏傣族景颇族自治州

地理位置

德宏傣族景颇族自治州在云南省西部中缅边境，位于东经 97°31′~98°43′，北纬 23°50′~25°20′之间，是云南省 8 个少数民族自治州之一。德宏，取傣语意为"怒江下游的地方"，东和东北与保山市的龙陵、腾冲相邻，南、西和西北三面与缅甸联邦接壤，全州除梁河县外其他县市都有国境线，国境线长达 503.8 千米。全州东西最大横距为 122 千米，南北最大纵距为 170 千米。

基本情况

【面积】11562 平方千米

【人口】约 98 万

【电话区号】0692

【邮政编码】678400

【下辖地区】潞西市｜瑞丽市｜梁河县｜盈江县｜陇川县

气候特征

德宏傣族景颇族自治州全州紧靠北回归线附近，所处纬度低，受印度洋西南季风影响，属于南亚热带季风气候。东北面的高黎贡山挡住西伯利亚南下的干冷气流入境，入夏有印度洋的暖湿气流沿西南倾斜的山地迎风坡上升，形成丰沛的自然降水，加之低纬度高原地带太阳入射角度大，空气透明度好，形成了德宏全州日照长、霜期短、夏无酷暑、冬无严寒的气候。年平均气温 18℃~20℃，年降雨量 1400~1700 毫米，年日照 2281~2453 小时，年积温 6400℃~

LINREN XINCHISHENWANG DE CAIYUNZHINAN

7300℃，年陆地蒸发量1400～1900毫米，干旱指数0.4～1.2。

月份	一	二	三	四	五	六	七	八	九	十	十一	十二
平均气温℃	9.9	11.2	16.2	20.6	22.6	22.5	22.0	21.8	20.6	19.7	18.6	14.2

❀ 地貌特征

德宏傣族景颇族自治州依东北高，西南低的地势，形成了不同海拔的七类地带：

（1）海拔2700～3404.6米的高寒山区,这一区山势陡峭,森林茂密,冬有积雪,气候寒冷,无人居住,面积占全州土地总面积的0.22%；

（2）海拔2200～2700米地带，特点是山顶浑圆，谷坡在10°～30°，森林较多，局部已经开发为轮歇地，林间草场可发展畜牧业，面积占全州土地总面积的5.64%；

（3）海拔1800～2200米地带，此类地带多为江河支流源头，次生林较多，面积占全州土地总面积的16.52%；

（4）海拔1600～1800米地带，植被稀少，垦殖较多，导致冲沟较多，是州内水土流失严重的地带，也是旱粮、旱地甘蔗、茶叶、草果、八角及热带水果的主产地，占全州土地总面积的44.1%；

（5）海拔950～1100米地带，谷坡一般在10°～20°，植被多为灌丛、草地，冲沟切割较多，水土流失严重，属州内低热层地带，是橡胶等热带经济林木和热带水果的主产地，面积占全州土地总面积的15.25%；

（6）海拔600～950米地带，是州内主要的农业耕地，主要是面积占全州土地总面积的55.03%；

（7）海拔210～600米地带，属热带河谷季雨林地带，未垦地多为热带原始森林和荒草坡地，其植物种类繁多，是天然的热带动植物园，面积占全州土地总面积的0.39%。

自然资源

德宏傣族景颇族自治州的森林资源丰富，不同海拔地类形成不同的森林分布带，主要分为：热带森林，面积占全州森林总面积的5.4%；亚热带森林，面积占全州森林总面积的57.2%；暖温带森林，面积占全州森林总面积的36.1%；温带森林，面积占全州森林总面积的1.3%。全州森林覆盖率2003年达到62%以上。

德宏这种"一山分四季，十里不同天"的立体气候环境使德宏动植物资源也十分丰富，仅盈江羯羊河谷的季雨林单优娑罗双群落层的热性区系植物覆盖率就达94%，比西双版纳的82.1%还高，仅国家和省级保护的珍稀植物秃杉、四数木、云南石梓、娑罗双、龙脑香等就有182种之多。属国家和省级保护的珍稀野生动物绿孔雀、红腿小隼、金丝猴、孟加拉虎、亚洲象、眼镜王蛇等就有1959种之多，是名符其实的"云南野生动植物王国王冠上的明珠"。

历史沿革

公元前424年，傣族先民在今瑞丽江河谷建立勐果占璧王国（傣语称勐卯弄），建雷允城，遗址尚存。约公元前4世纪，中国历史上最早的一条国际陆路交通线"西南丝路"开通，中印贸易便已开始，德宏即为西南丝路的必经之地。

公元前122年，张骞出使西域探寻到的"滇越乘象国"，即指今德宏和缅甸的部分地区。公元前109年，汉武帝开西南夷，德宏为益州郡哀牢地。

唐南诏时，属永昌节度和丽水节度。宋大理国时，属永昌、腾越金齿部地。元代置茫施（潞西）、镇西（盈江）、平缅（陇川）、麓川（瑞丽）四路及南甸（梁河）军民府，隶属金齿宣抚司六路军民总管府。

1287年，意大利著名旅行家马可波罗随元军南下，途经德宏地区时，在游记中详细记载了德宏见闻。明代设南甸（梁河）、干崖

（盈江）、陇川宣抚司，盏达（原莲山）、遮放副宣抚司，芒市、勐卯（瑞丽）安抚司，隶属永昌府腾越州。

清沿明制，乾隆年间增设腊撒、户撒两个长官司（今属陇川县户撒乡），光绪二十五年（1899年）增设勐板土千总（今潞西芒牛坝一带）。南甸、干崖、陇川、盏达、勐卯、户撒、腊撒土司隶属腾越厅管辖；芒市、遮放土司和勐板土千总隶属龙陵厅管辖。1874年在今盈江县芒允乡发生震惊中外的"马嘉里事件"。

1911年10月27日，盈江土司刀安仁、张文光（均为同盟会员）领导"腾越起义"，推翻清政府在腾越边地的统治，宣告成立"滇西军都督府"。民国时期改府厅置道，设弹压委员。1917年改弹压委员为行政委员，设立政区，隶属腾越道。1927年废腾越道，隶属云南省第一殖边督办。1932年改行政区为设治局，设潞西、梁河、盈江、莲山、陇川、瑞丽6个设治局（为准县级），属殖边督办。1940年废殖边督办，隶属腾龙边区行政监督。

1938年8月31日，滇缅公路全线通车，成为抗战期间中国与国际联系的陆路唯一交通要道。1942年5月，日军入侵，德宏沦陷。1945年1月国土光复后，仍置设治局，先后隶属云南省第六区（保山）及第十二区（腾冲）行政督察专员公署。1949年7月潞西设治局改为潞西县，县城设在芒市。

1950年4月21日中国人民解放军进驻潞西，德宏解放。军政代表团接管设治局，建立潞西县和瑞丽、陇川、盈江、莲山、梁河5个各民族行政委员会，隶属保山专区。1952年经政务院批准，瑞丽、陇川、盈江、莲山、梁河改设县，并设畹町镇（县级镇），均隶属保山专区。1953年7月，成立德宏傣族景颇族自治区。

民风民俗

奘房

几乎每个傣族村寨都有一座奘房（佛寺，与西双版纳的佃寺在叫法上和外观上都有一定的差异）。奘房附近必有大青树，大青树下可能就会有傣族小和尚和美丽的傣族小姑娘在谈恋爱，这就是云南十八怪之一的"小和尚可以谈恋爱"。

原来奘房只是傣族男孩的学校，只有很少和尚会终身出家，而大部分人就只是把奘房当成一所学校，当成一个镀金的地方，因为在傣族的传统意识中，只有当过和尚的男人才是有文化、有地位的上等人。现在国家为他们办了许多民族学校，男孩和女孩都有了上正规学校的机会，但是，人们的思想深处还是认为只有当过和尚才算有文化。他们当和尚的时间不一定很长，甚至可以短到以天为单位。

在无数的奘房中，喊萨奘房算是其中之最。从县城沿双雷公路南行 4 千米，再往西侧村口进寨，就可以看见一座凤尾竹环绕、别具民族特色的建筑，即喊萨奘房。它和秀丽的傣寨竹楼组成了一个协调统一的建筑群体。据傣文史籍记载，在勐卯古国时这里曾一度为京都。

进入殿内，一尊巨大的释迦牟尼佛盘腿坐在莲座上。顶和四壁绘有孔雀、白象、女神、麒麟、宝塔等彩色图案，还有必不可少的佛经故事壁画。梁上挂着许多长幡，每条长幡都是一幅艺术品。佛台前放着一个十分精致的宝座，那是佛爷讲经布教的地方。佛台上常年摆满了鲜花、蜡烛和各种供品，那些都是前来礼佛的人带来的，礼佛的人都在叩拜后做一些清扫擦拭的工作，所以殿内总是一尘不染。

名胜景点

1. 瑞丽金塔

瑞丽金塔傣语名字叫"广姆贺牟"，又叫"姐勒"金塔，意思是瑞丽城首之塔。位于距市区 7 千米的姐勒村，在 320 过道旁的山丘上，是瑞丽最古老的佛教建筑、佛事活动场所。关于姐勒塔的来历还有一个传说，相传很久以前，每当月圆之夜，金塔地基就会发出光芒，极为奇丽，令世人大为惊恐，世人掘开发亮处出一看，才知是佛遗留的舍利。众佛教徒于是集资在掘出舍利的地方建造了一

塔，旁边建造一寺，以示
祀意。从此以后，姐勒金
塔的香火就没有断过，姐
勒金塔成为傣族人民心目
中吉祥、幸福的象征。

姐勒金塔历史古老，
历经 5 次修缮，为德宏佛
塔之冠，与缅甸曼德勒佛
塔齐名，是东南亚五座名
塔之一。塔身均为金黄色，
塔顶巍峨耸立，直冲云霄，
主塔高 39.5 米，塔基直径
30 米。四周分布有 16 座小
塔，如众星捧月，非常壮
观。塔冠有宝伞、风标、银铃，微风吹过，声音悦耳。

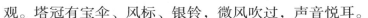

2. 瑞丽边贸街

瑞丽边贸街也叫兴市街，位于瑞丽市西北，面积达 3.2 万平方
米。这里原是一片较大的荒丘，在 1987 年开始兴建，最终成为现在
云南最大、最热闹，也是最有特色的边境集市。

边贸街上分布着 6 个街心花圃，街道两侧则是由 14 个具有民族
特色的建筑群组成，共有各种铺面 927 个。它汇集了百货、服装、
药材、五金、珠宝、玉石、土产、饮食等门市。逛这条街最吸引人
的就是塞满整整一条街的百货摊，摊主有中国人、缅甸人、巴基斯
坦人、印度人、孟加拉人等。不同的人种、不同的装束、不同的语
言，使这里成为一个五彩纷呈的国际交易市场，昼夜皆热闹非凡。

3. 瑞丽江——大盈江风景区

瑞丽江傣语古称南卯江,即雾蒙蒙的河,元明时期称麓川江,清代
既称龙川江,也称瑞丽江。这条江灌溉着中缅两国上万公顷肥沃的土

地,养育着近百万的人口。瑞丽江上游叫龙江,发源于高黎贡山西侧,流经腾冲陇川、梁河等县,经畹町、瑞丽流入缅甸,在缅伊尼瓦附近汇入伊洛瓦底江。瑞丽江其中 20 余千米属中缅两国界河,是云南省西部的重要河流之一,属亚热带长流河。瑞丽江水流平缓,清平如镜,江畔良田万顷,傣家村寨树竹环绕,风光如画,景色十分秀丽。

　　大盈江是伊洛瓦底江上游的一条支流,发源于高黎贡山南麓,在数百里原始森林峡谷中穿行后来到盈江平原,流速减缓,江面扩宽,两岸是一望无垠的农田,竹树环合的村寨点缀其间,江岸有数千里的凤尾竹堤,江心时见绿色小岛,蓝天白云,翠竹绿岛映在悠悠的江面上,小船轻轻划过,悠扬的傣家情歌随风飘来,构成了一组别致的抒情诗。

　　1994 年 1 月 10 日,瑞丽江以云南省瑞丽江——大盈江风景名胜区的名义,被国务院批准列入第三批国家级风景名胜区名单。

云南主要少数民族

　　云南是全国少数民族数目最多的省份，全省共有 21 个少数民族。其中的哈尼族、傣族、佤族、拉祜族、景颇族、布朗族、阿昌族、普米族、怒族、德昂族、独龙族和基诺族主要分布在云南。

哈尼族

　　哈尼族主要分布的滇南地区，包括红河哈尼族彝族自治州、西双版纳傣族自治州、普洱市和玉溪市。

　　1. 服饰

　　哈尼族是一个开垦梯田种植稻谷的山地农耕民族，独特的生存环境形成了哈尼族多姿多彩的服装服饰文化。哈尼族的服饰，因支系不同而各地有异，但一般都喜欢用藏青色的哈尼土布做衣服。

　　哈尼族布都支系妇女的服饰用黑色自染布料作上衣，齐膝短裤和绑腿带。包头布端都镶一块精美的刺绣图案，衣服领口处多配有银饰坠，腰束一条长丈余的腰带；哈尼族碧约支系的妇女服饰配以色彩鲜艳的花纹图案和银饰佩，为左开襟长尾衣，下穿百褶裙，包头为数尺长的黑色头巾布，有穗拖拉到背部；哈尼族卡别支系妇女的服饰多以黑色自织染布作面料，为左开襟衣，在衣领和由右肩斜向左襟绣有彩线图纹，以包头最有特色，其包头正面镶有星图银泡，背面用彩线做成飘带装饰，左右两边缀有一根银链；哈尼族布孔支系妇女的服饰分为首饰、服饰和绑腿三个部分。首饰多为彩布包巾，头巾上镶钉有银泡，左右用彩色毛线扎成飘穗，上着士林布满襟衣裳，胸前挂一块由硬布板上钉有银泡和一块多边花形银牌，下穿短

裆紧腿裤，裤腿边沿绣着犬齿花，小腿套着绣花腿罩，腿罩上绑着多色彩线。

哈尼族男子多穿对襟上衣和长裤，以青或白布裹头。其中有些地区的男子爱沿衣襟镶两行大银片和银币，两侧配以几何纹布。

哈尼族青年男女的多饰品衣服，一直要穿到结婚、生育。当了父母以后，他们便逐渐减去鲜艳饰物，至 45 岁以后，男子的银链、银泡要从衣上取下，准备传给后代，女子要去掉身上多余的配饰，穿一身朴素黑衣蓝裙。使自己显得素雅、庄重。

2. 民居

传说在远古时期，哈尼人住的是山洞。后来他们迁到一个名叫"惹罗"的地方时，看到满山遍野生长着大朵大朵的蘑菇，蘑菇不怕风吹雨打，还能让蚂蚁和小虫在下面做窝栖息，哈尼族的祖先就比着样子盖起了蘑菇房。

蘑菇房，顾名思义，就是住房状如蘑菇。它的墙基用石料或砖块砌成，地上地下各有半米，在地上用夹板将土春实一段段上移垒成墙，最后屋顶用多重茅草遮盖成四斜面。

房子通常由正房、前廊和耳房组成。分二三层的蘑菇房在建筑设计上别有风韵：前廊与正房前墙相接，耳房与正房一侧相连；前廊与耳房顶部均为坚实的泥土平台，它既可休憩纳凉又可晾晒收割的农作物；正房二层全部用泥土封实，然后在三四米高处再铺盖茅草顶。第二三层至屋顶的空间称"封火楼"。封火楼通常以木板间隔，用以贮藏粮食、瓜豆，供适龄儿女谈情说爱和住宿。最底层用来关牲畜，堆放农具。中层用木板隔成左、中、右三间，中间设一常年生火的方形火塘。客人来了，主人就围坐在火塘边，让你吸上一阵水烟筒，饮上一杯热腾腾的糯米香茶，喝上一碗香喷喷的闷锅酒。

蘑菇房经久耐用，冬暖夏凉，在我国民居文化中独树一帜。

3. 节庆

（1）十月年

十月年为大年，按哈尼族的历法，10月是岁首。节期6天左右，具体日期各寨都有自己的计划。这时正是大春上场，厩中猪肥的时节，有条件的人家都要杀牲，舂糯米粑粑、蒸年糕、染黄糯米饭献天地祖宗；男女老少都着新装，亲友们互相走访；有男孩子的人家多在这个节日里请媒人去说亲，嫁出去的姑娘也要带着酒、肉和粑粑回娘家献祖过年；村里的老年人轮流着到接到订婚礼物或有姑娘回家的人家去探望，分享一些礼品。

（2）姑娘节

云南省元阳县碧播山一带的哈尼族，每年农历二月初四要欢度别开生面的姑娘节。

这天，鸡还未叫，男人们就要首先挑回一担水，天麻麻亮时，再砍回一捆柴，接着，就生火烧水，把洗脸水恭恭敬敬地端给慢腾腾起床的妇女。然后，男人们煮饭、洗菜、剁猪食、洗碗筷、带小孩，妇女们则悠闲地坐在一旁，或做点针线活，或指挥男人做这做那。未出嫁的姑娘们，则连针线活也不做。午饭后，男人们急忙赶到寨中的公共娱乐场所去，按习俗，先到的为勤劳者，后到的为懒惰者。在这一天，年轻的小伙子们还要向情人借来女式新衣新裤，打扮成姑娘的样子，在欢快的弦乐声中翩翩起舞，直到太阳偏西才回家。

傣族

傣族主要分布在西双版纳境内的景洪坝、勐海坝、勐遮坝、勐

笼坝、勐罕坝等，德宏境内有勐焕坝（芒市）、勐那坝（盈江）、勐卯坝（瑞丽）、勐底坝（梁河）勐婉坝（陇川）等地区。

1. 服饰

傣族男子的服饰一般都比较朴实大方，上身为无领对襟或大襟小袖短衫，下着宽腰无兜净色长裤，多用白色、青色布包头，有的戴毛呢礼帽，天寒时喜披毛毯，四季常赤足。这种服装在耕作劳动时轻便舒适，在跳舞时又使穿着者显得健美潇洒。

傣族男子服饰保留着古代"衣对襟、头缠布巾、喜挂背袋、带短刀"的特点，但衣料已很少再用自织"土布"。中山装和西装也已成为傣族青壮男子的时装。近年来出现了有领对襟或大襟的小袖衫，头巾改为水红色、绿色、粉红色的绸子，裤子依旧。

傣族男子一般不戴饰物，偶尔也会发现他们的手腕上有一只闪闪发亮的银镯。镶金牙、银牙是他们的喜好。他们通常把自己好的门牙拔去，换上金或银做的假牙。过去有文身习俗，在胸、背、腹、四肢等处纹上文字符号或狮虎、麒麟、孔雀等图案，以示勇敢或祈求吉祥之意。

傣族妇女身材一般都苗条，面目清纯娇美，看上去亭亭玉立，仪态大方，因此素有"金孔雀"的美称。她们不仅长得美，而且还善于打扮，用独具特色的服饰把自己装扮得如花似玉。

傣族妇女一般喜欢穿窄袖短衣和筒裙，把她们那修长苗条的身材充分展示出来。上面穿一件白色或绯色内衣，外面是紧身短上衣，园领窄袖，有大襟，也有对襟，有水红、淡黄、浅绿、雪白、天蓝等多种色彩。现在多是用乔其纱、丝绸等料子缝制。窄袖短衫紧紧地

LINREN XINCHISHENWANG DE CAIYUNZHIN

套着胳膊，几乎没有一点空隙，有不少人还喜欢用肉色衣料缝制，若不仔细看还看不出袖管，前后衣襟刚好齐腰，紧紧裹住身子，再用一根银腰带系着短袖衫和筒裙口，下着长至脚踝的筒裙，显得腰身纤巧细小。傣族妇女的这种装束，充分展示了女性的胸、腰、臀三围之美，加上所采用的布料轻柔，色彩鲜艳明快，无论走路或做事，都给人一种婀娜多姿、潇洒飘逸的感觉。

2. 婚礼

傣族的婚礼，民间称为"金欠"，含结婚宴请之意。婚期只能定在每年的"开门节"至"关门节"（傣历十二月十五日至次年九月十五日）这段时间，婚礼以为新郎、新娘祝福，拴线为主要内容。

成婚仪式在新娘家举行，届时要杀猪、杀鸡（有的人家还宰牛），备办丰盛的酒席宴请亲朋好友和本寨父老乡亲。举行婚礼之日，在新娘家堂屋内设置"茂欢"（魂桌），摆上1至3张蔑桌，用芭蕉叶铺面，上面摆放煮熟的雌雄子鸡一对，还有用芭蕉叶盛装的糯米饭以及米酒、春盐棒、食盐、芭蕉、红布、白布、白线等物。雌雄子鸡需用傣语称为"索累东"的芭蕉叶做成的叶帽罩盖，做好举行婚礼的准备后，新娘要在女友的陪伴下梳洗打扮，等待新郎登门。新郎亦在家中梳洗更衣，在亲朋好友的陪同下，到新娘的竹楼上举行结婚仪式。

婚礼仪式开始时，主婚人端坐在"茂欢"后的正中位置，长者围桌而坐，一对新人按男右女左的位置面对主婚人而跪，亲友围于两旁。坐在"茂欢"跟前的人伸出右手搭在桌上，静听主婚人念诵祝词。主婚人揭去盖在食物上的叶帽，先为新郎、新娘祝福："今天是个美好、吉祥的日子，现在是一天中最好的时辰，你俩恩恩爱爱结成夫妻，金凤与铜凤结成一对，日子会幸福美好，愿生子会得子，盼生女会得女，祝福你们幸福美满，永不离分。"

主婚人念完祝词以后，新郎、新娘各在桌上揪下一团糯米饭，蘸上米酒、食盐、春盐棒、芭蕉后摆在桌前。主婚人拿起一条长长

的白线，从左至右缠在新娘、新郎的肩背，将白线两端搭在"茂欢"之上，表示将一对新人的心拴在一起。然后再拿两缕白线，分别缠在新郎、新娘的手腕上，表示祝愿新婚夫妇百年好合，无灾无难。在座的长者也各拿两缕白线，分别拴在新郎、新娘手上，边拴线边念些祝愿词。拴完线后，婚礼仪式基本结束，婚宴开始，新郎新娘向宾客敬酒致意。

3. 民居

傣族的建筑受气候、海拔、地形、建筑材料等自然环境和人口、经济、宗教、政治、科技、思想意识等社会环境的影响，主要有以西双版纳傣族民居为代表的优美灵巧的干栏式建筑和以元江、红河一线傣族民居为代表的厚重结实的平顶土掌房。

（1）干栏式建筑

在滨水而居的河谷坝区，因受炎热、潮湿、多雨、竹木繁茂等生态环境的影响，傣族的居民建筑以"干栏"（俗称竹楼）为主。上下两层，以木、竹做桩、楼板、墙壁，房顶覆以茅草、瓦块，上层住人，下层养家畜、堆放农具。整座建筑空间间架高大，且以竹

LINREN XINCHISHENWANG DE CAIYUNZHINAN

或木做墙壁和楼板，利于保持居室干燥凉爽。如今，随着生态保护的加强和经济的发展，一些地方开始以混凝土砖瓦结构代替竹木结构，但还保留"干栏"的形式或人字形屋帽的外形，因而仍习惯称呼它为"竹楼"。竹楼周围的宽阔庭院里都要种植瓜果林木或开挖小鱼塘，既可蔽阳遮阴，又是一道不设防的天然绿色"围墙"，外围随意搭上的竹篱，不为防人，只起到阻止牲畜闯入的作用。

（2）平顶土掌房

在气候变化较大，平坝少山地多，依山麓而居的傣族地区，代之而起的是厚重、结实的平顶土掌房。土掌房系土木结构，一般为两层，一楼住人，二楼堆放粮食和杂物，牲畜单独建圈。土墙有两层，厚达3尺，对防热保凉防寒保暖起到了独特的功效。土木夯实的平面屋顶厚达5~10寸，夏夜可在平顶上纳凉，秋收时又可在顶上翻晒谷物，有效地利用了空间。

佤族

主要分布在云南省西南部的沧源、西盟、澜沧、孟连、双江、耿马、永德、镇康等县的山区与半山区。即澜沧江和萨尔温江之间、怒山山脉南段的阿佤山区。

1. 服饰

佤族服饰因地而异，基本上还保留着古老的山地民族特色，显示着佤族人粗犷、豪放的坚强性格。西盟佤族保持传统习俗最多，服饰最典型。

西盟佤族男子穿无领对襟短衣和青布肥大短裤，布帕缠头戴大耳环，下着绑腿草鞋，青年男子常以佩戴竹藤圈为饰。一些男子仍然保持着系一片兜裆布为衣的传统装饰。佤族男子还有文身的

习俗，其纹样大多为动物纹，也有少量的植物纹。西盟佤族女子穿贯头式紧身无袖短衣和家织红黑色条纹筒裙，赤足，戴耳柱或大耳环，项间佩挂银圈或数十串珠饰，喜戴臂箍、手镯，手镯宽约5厘米，多用白银制成，上面刻有精致的各种图案花纹，美观闪亮，腰间亦以若干藤圈竹串为饰。披发，发箍用红布或金属制作。过去，佤族女子的脚上都戴有数个或数十几个竹藤圈。按习惯，女子每增加一岁就增加一个脚圈，故有"欲知年龄数脚圈之说"。天寒时，佤族男子披麻毯或棉毯御寒。

2. 民居

佤族房内的陈设简单，无桌椅，竹席木板当床，没有被褥，只用棉毯或麻布单做被盖，枕木头，和衣而睡。

佤族的住房，各地区不同。受汉族影响较大的地区，一般是四壁着地的草木房，也有土壁草房和个别的瓦房。而大部分佤族地区的住房构造和形状与傣族的住房相似，建筑材料均为竹子（竹藤、竹竿、竹片、竹篾等）、草（茅草、椽子、脊檩、木板等）。木柱的顶端保留树杈，用以托梁，横梁上再托上一些细竹子，然后覆以茅草，筑成架空的"竹楼"。房屋分上下两层，楼上住人，楼下为牲畜、家禽活动之所，个别打铁户也在楼下设有风箱和打铁的一套工具。

3. 节庆

"拉木鼓"是佤族极为隆重、盛大的宗教祭祀活动。

所谓"拉木鼓"，就是从寨子外的森林中砍伐树木，拉入寨中，制作新鼓，更换旧鼓的活动。多于农历十一月（佤历1月）进行。届时，首先由村寨里的人会议确定拉木鼓的时间及主祭人（承担活动费用的人），准备好要剽杀的水牛数头、取肝看卦黄牛一头，及水酒食物等。拉木鼓的当天，白天剽牛祭神，晚上由男性青壮年上山砍伐已事先选好的树木，准备制鼓的材料。第二天一大早，全寨的男女老少均身着节日盛装，前来拉鼓，大家边歌边舞，用绳索将木鼓拖拉向寨子。但木鼓当天不能进寨，要停放在寨外，需杀鸡祭祀之后，另择吉日进寨。

据说，拉木鼓是为了祭祀"莫伟"神。佤族人认为，"莫伟"是人类祖先的化身，他平时住在天宫，不问人间之事，只有听到木鼓之声，才会下凡为人类解危救难或共享欢乐。

拉祜族

拉祜族源于甘肃、青海一带的古羌人，早期过着游牧生活，后来逐渐南迁，最终定居于澜沧江流域。其服饰也反映了这种历史和文化的变迁，既具有早期北方游牧文化的特征，也体现了近现代南方农耕文化的风格和特点。现在主要分布在云南省澜沧江流域的思茅、临沧两地区，相邻的西双版纳傣族自治州、红河哈尼族彝族自治州及玉溪地区也有分布。其中，澜沧拉祜族自治县和孟连傣族拉祜族自治县是最主要的聚居区。

1. 服饰

拉祜族男子身穿浅色右衽交领长袍和长裤，喜欢佩刀，系腰带，脚穿布鞋，头戴包头，长袍两侧有较高的开衩，领口衣襟等处用深色布条镶边，包头用白红黑等各色布条交织缠成。拉祜族妇女服装具有青藏高原妇女服装的特点，穿的是黑布长衫，长至膝下，两侧开衩且开衩较高，立领右襟，缀有银泡装饰，喜欢用红色或白色花边镶缀在袖口、襟边，显得光艳美丽。下穿长裤。西双版纳有的妇女剃光头，包黑包头巾，戴大耳环，胸前佩挂"普巴"（大银牌）。

2. 民居

拉祜族的传统住房，主要有落地式茅屋和干栏式桩上竹楼两种。茅屋结构简单，搭建容易。建造时，先在地基上立几根带杈的柱子，杈上放梁，梁上放椽子，椽子上铺盖茅草。柱子四周用竹笆或木板围栅作墙即成，颇具"构木为巢"的古风。

干栏式竹楼房是在木桩之上搭建而成的双斜面竹楼。有大小之分。大型竹楼为母系大家庭居住，小型竹楼为个体小家庭居住。两种竹楼结构基本相同，只是大型的更长、占地面积更大而已，因此，通常也称"长房"。长房一般高约六七米，面积八九十平方米至二三百平方米不等，呈长方形。内部向阳的一侧留有宽大的走廊，另外一侧根据人口数量用木板隔成若干间，每个个体小家庭居住两间。走廊上设火塘若干，供各个家庭炊事、取暖之用。长房的居住形式，反映了拉祜族原始母系制婚姻家庭组织与观念的残存，具有重要的学术研究价值。

景颇族

景颇族主要分布在云南德宏傣族景颇族自治州的陇川县、潞西市、瑞丽市、盈江、梁河三县，少部分散居于其他州县。

1. 服饰

景颇族男子喜欢穿白色或黑色对襟圆领上衣，包头布上缀有花边图案和彩色小绒珠，外出时常佩带腰刀和筒帕，因为在景颇族有一句家喻户晓的话："要像狮子一样勇猛。"

景颇族妇女穿黑色对襟上衣，下着黑色和红色织成的筒裙，要在腿上用带裹腿。盛装时的妇女上衣前后及肩上都缀有许多银片，颈上挂七个银项圈或一串银链子或银铃，耳朵上戴比手指还长的银耳筒，手上戴一对或两对粗大刻花的银手镯。因为景颇族的妇女认为戴银首饰越多表示越能干，越富有。

2. 各说各话

在景颇族中，有一个相当有趣的现象——各说各话。

LINREN XINCHISHENWANG DE CAIYUNZHINAN

景颇族中相当多的家庭是由不同支系的人组成的。家庭成员在什么情况下使用何种语言，有传统的习惯：父亲和子女使用父亲支系的语言，母亲使用娘家支系的语言。夫妻之间尽管都能较好地掌握对方的语言，但彼此交谈仍是各说各的话，而决不放弃使用本支系语言的权利。子女与父亲说话，或兄弟姐妹间说话，都使用父亲支系的语言，若子女与母亲说话，应改用母亲支系的语言。要是祖母是另一个支系的，晚辈与她说话又得使用祖母支系的语言。

不同支系的青年男女恋爱诉衷肠时，男子往往主动使用女子支系的语言，以示爱慕之心。一旦他们结了婚，又各自恢复使用本支系的语言。在学校里，哪个支系的学生多就使用哪种语言，但同一支系的学生相互交谈又使用本支系的语言。

3. 婚俗

景颇族男女求偶成婚，必须恪守姨表不婚，同姓不婚，虽为异姓但以为源出于同一氏族者也不婚。只限于建立有丈人种和姑爷种婚姻关系（景颇语分别称之为"木育"、"达玛"）的异姓之间通婚。

所谓丈人种和姑爷种，是依父系亲属观念来表述的一种姻亲关系，它的特定含义是：姑母的儿子有权而且必须娶舅父的女儿为妻，而舅父的儿子却绝不容许娶姑母的女儿为妻，意思是"血不倒流"。这是一种单向的舅表婚。不过，在实际生活中，某姓某家有几个女儿就可能有几个姑爷种，有几个儿子也可能有几个丈人种，所以民间流传着这样的谚语："讨媳妇不限于一家，嫁姑娘不限于一户。"

4. 婚礼

景颇族的青年男女恋爱成熟后，首先由男方父母请"勒脚"（男方寨子的媒人）与"强通"（女方寨子的媒人）联系，向女方父母提亲，并送去铓锣、丝织品、鸡蛋、酒等礼物，如女方家收下礼物，便表示同意。第二步，再送些礼物，共商婚期。第三步择定吉日迎娶。届时，女方请"强通"、舅父和本寨亲朋代为陪送姑娘前往成亲。

景颇族的结婚典礼，大多在一天之内完成，但戏剧性的场面给人留下的印象却是难以忘怀的。到了婚礼之日，新郎带上彩礼，由有娶亲经验又最能忍住发笑的已婚男女青年各一名陪同迎亲。他们还应带上用熟糯饭揉成筒形的饭筒十多支（每支够十人吃），用芭蕉叶包好的菜包若干个（数字与事先告知的女方客人相等），包子内包熟肉、菜蔬和传统必备的"冲冲菜"。到了新娘家里，交过彩礼，切开饭筒，按人头每人分送一团饭和一个菜包。饭罢，女方由亲属将预备好的两套真假礼物抬出。先是把用芭蕉树做成的"刀"、"枪"等生产工具一件件交给受礼人——新郎的两位陪同者。受礼人小心翼翼地接过，应完好无损地把"刀"、"枪"等挂在自己的肩上。要接好这些假礼物很不容易，因为主人是把芭蕉树切断后用一根竹签连接起来后做成的，万一不能完好无损地接过来背挂在身，就将受罚——赔出一件真的来。所以在这种受礼场合，大家总是起哄、发笑不止；人们越是逗你发笑，受礼人越是克制不发笑。受过礼，受礼人尽力保持身体平衡，一步步地挪出家门，去到转弯处大家看不见时才将佩挂在身的假礼物卸下。此时，他们如释重负地说一声"谢天谢地"，并随着迎亲队伍返回新郎家去。

新娘来到新郎家之时，还要举行一种仪式。在从院子前往竹楼新房的途中，依尺余间隔挖一小坑，各埋上一小把一人多高的茅草，并在草丛中间置一根长约两米的木头（也有放一块新木板或新梯子的）。有的还在茅草丛的两端各栽上一对芭蕉树、两支甘蔗。他们说，芭蕉树象征吉祥，甘蔗象征甜蜜，茅草象征人丁兴旺。新娘一到，即请巫师念咒祭"家鬼"，为祭鬼要杀鸡和猪、牛、羊，并将其血淋洒到茅草上。之后，新娘沿着木头（梯子）走过，上楼进新房。这一套仪式叫"跨草蓬"。它是景颇族结婚礼中不可缺少的、也是最重要的一个仪式。

布朗族

主要分布在云南省西双版纳、临沧、思茅地区。主要从事农业，

LINREN XINCHISHENWANG DE CAIYUNZHINAN

有本民族语言，兼通傣语，多信奉小乘佛教。

1. 服饰

布朗族穿着简朴，各地的布朗族服饰大同小异。男子穿对襟无领短衣和黑色宽大长裤，用黑布或白布包头。妇女上着紧身无领短衣，下穿红、绿纹或黑色筒裙，头挽发髻并缠大包头。过去布朗族男子有文身的习俗，四肢、胸、腹皆刺染各种花纹。妇女喜欢戴大耳环、银手镯等装饰，还爱戴野花或自编的彩花环。布朗族中无论男女都喜欢饮酒、染齿、吸烟。

2. 民居

布朗族的村寨通常由三五个至数十个同一血缘的家族聚居，住房建筑为干栏式竹楼，分上下两层，楼下关牲畜，楼上住人。

干栏式竹木结构的两层瓦房，上层有正堂、卧室、晒台等，下层一般作为仓库、圈养牲畜的地方。屋内中央设置火塘，火塘边是家人吃饭、待客的地方，夜晚则在火塘四周安置床铺。

3. 婚俗

"串姑娘"是布朗族传统的恋爱方式。布朗族青年的恋爱和婚姻十分自由，受到家庭和社会的支持。每当月亮升起的时候，小伙子们换上新装，怀抱三弦，结伴来到姑娘的竹楼下面，争相用诙谐的语言和热情的歌声去打动意中姑娘的心。梳妆打扮的姑娘们也早早燃起火塘，打开房门，请小伙子们进来，用对歌、递烟、敬茶等巧妙的方式表达出自己对心上人的爱慕。布朗山区串姑娘可以群访、也可以单独夜访。是青年男女进行思想、文化、情感交流的普遍形式。

当男女双方恋爱感情笃深时，男子就会向女子提出求婚。布朗山区许多地方求婚时以花为媒，小伙子把从山上采回的鲜花献给姑娘，当姑娘确认这个小伙子是真心地爱她时，就在花束中挑选最美丽的一朵戴在头上，借此表示同意婚事。

阿昌族

阿昌族主要居住在德宏傣族景颇族自治州陇川县和梁河县等地。阿昌族有自己的语言，但没有文字。

1. 服饰

阿昌族的服饰简洁、朴素、美观。男子多穿蓝色、白色或黑色的对襟上衣，下穿黑色裤子，裤脚短而宽。青年男子喜缠白色包头，婚后则改换黑色包头。有些中老年人还喜欢戴毡帽。青壮年打包头时总要留出约 40 厘米长的穗头垂于脑后。男子外出赶集或参加节日聚会时，喜欢斜背一个"筒帕"（挎包）和一把阿昌刀，更显得英俊而潇洒。

妇女的服饰有年龄和婚否之别。未婚少女平时多穿各色大襟或对襟上衣，下穿黑色长裤，外系围腰，头戴黑色包头。梁河地区的少女也喜欢穿筒裙。已婚妇女一般穿蓝黑色对襟上衣和筒裙，小腿裹绑腿，喜用黑布缠出类似尖顶帽状的高包头，包头顶端还垂挂四五个五彩小绣球，颇具特色。每逢外出赶集、做客或喜庆节日，妇女们都要精心打扮一番。她们取出珍藏的各种首饰，戴上  大耳环、花手镯，挂上银项圈，在胸前的纽扣上和腰间系挂上一条条长长的银链，此时的阿昌族妇女，全身银光闪闪，风采万千。当你走进阿昌族山寨，你还会发现阿昌族青年男女都喜欢在包头上插

LINREN XINCHISHENWANG DE CAIYUNZHINAN

饰一朵朵鲜花。这朵朵鲜花，不仅美观，而且是被他们视之为品性正直、心灵纯洁的标志。

2. 礼仪禁忌

阿昌族热情好客，尊老爱幼，有许多优良的传统礼仪。有客人来家小憩，主人要好酒好茶招待，吃饭礼让客人上座，但如果客人辈分小可推辞坐边座或下方坐；遇敬酒倒茶，忌不礼让就接受。阿昌族待客有劝饭习俗，无论会不会喝酒、喝茶，忌讳客人不接受；遇劝饭时，无论已饱否都应伸双手捧碗相接；双手接递或起身行礼，视为恭敬。通常劝饭是象征性的，通过劝饭讲情说意，乃至唱劝饭山歌抒情，表示欢迎客人才是真正的缘由。

阿昌族同姓忌婚配。有招婿入门习俗，上门男子须改名随女方姓。阿昌族婚礼举行 3 天。在婚礼中新娘、新郎逐桌去敬糖茶，客人喝毕放少许钱币于杯中。

阿昌族的卧房分布在正堂两边，老者居左边，其他居右边。男性长者忌进已婚晚辈的卧室。未婚男子可住厢房或厢房楼上。女性忌住楼上；男子在楼下，忌妇女上楼。忌妇女跨踩农具工具。

3. 户撒刀

阿昌族制造的铁器极负盛名，以"户撒刀"著称于世。

户撒刀，又称"阿昌刀"，因多产于阿昌族聚居的陇川县户撒、腊撒地区而得名。这种刀"制炼极精纯，柔可绕指，剁铁如泥"。阿昌族打制刀具已有 600 多年的历史。相传明代屯驻户腊撒的军队中，有一部分是专门制作兵器的，他们具有较高的锻造技术。后来，这些匠人与当地人通婚，逐渐融合于阿昌族中。阿昌人继承和发展了明军的冶炼和锻造技术，生产出了具有民族特色的各种刀具，而且工艺越来越精湛。村寨之间分工较细，各寨有自己的名牌产品。整个户撒地区好比一座手工业加工厂，各寨就是它的车间，各以一种产品闻名。如来福寨的黑长刀、花钢刀，芒东寨的腰刀、小尖刀，腊姐寨的锯齿镰刀，新寨的背刀，芒所寨的刀鞘等。户撒刀之所以经久耐用，一是选料讲究，二是淬火技术掌握得好，加之刮磨得漂亮美观，所以他们打的刀拿来随便磨一下即锋利无比。一些老艺人能够把刀打制得刚柔兼备，乃至可以任意弯曲。比如一把长刀，不使用时，可像腰带一样围系在腰间，需要时解下，立即自然伸直，其技艺堪称一绝。

阿昌刀用木、皮、银等原料配制的刀鞘也极为精美。阿昌刀的长短、形状多种多样，有生产用刀、生活用刀、狩猎者护身用的长刀、宰牲畜用的匕首等数十个品种。还有专为兄弟民族打制的刀，如藏刀、景颇刀等。由于工艺精湛，阿昌刀不仅被本民族人视若珍宝，而且还深受附近汉、傣、景颇、傈僳、藏、白等民族的喜爱。如今，阿昌刀还走出了云南，远销到北京、西藏、青海、新疆、黑龙江等地，甚至为外国友人收藏。

普米族

普米族主要居住在云南西北高原的兰坪老君山和宁蒗的牦牛山麓。普米族与汉族、白族、纳西族、藏族等民族交错杂居，主要从事农业，兼营畜牧业。

1. 服饰

普米族青壮年男子穿短上衣，有开襟，用银质纽扣，穿肥脚裤子，大多喜用黑色，少数用蓝色，外边穿一件长衫，束腰带，喜用白羊毛制作腰带，两头绣花，缠麻布裹腿，穿皮鞋，春天穿草鞋。男子留长发，也用丝线把头发包缠在头上，也有些普米男子剃光头，仅在头顶留一撮发，编成辫子，盘于头顶。

青年妇女均穿短上衣，古代是用麻

LINREN XINCHISHENWANG DE CAIYUNZHINAN

制的，现代大多用棉布；过去多喜欢白色，现在喜用白黑红等多种颜色；右面开襟，下襟较短，窄袖高领。春天她们穿用条绒缝制、领和衣边镶嵌金银边的夹衣，称金边衣服。成年妇女都披皮披肩，通常是用山羊皮、绵羊皮、牦牛皮制成的，以山羊皮的为贵，披肩大多选用洁白的毛皮制成，美观大方。披肩上结有两根带子，系在胸前，白天可防寒，坐时当垫坐，睡时当褥子。兰坪、维西一带的妇女，则常常佩带色彩鲜艳的披肩，腰系叠缀花边的围腰布。

2. 民居

普米族的村落多分布于半山缓坡地带，以血缘的亲疏关系各自聚族而居。村寨之间距离很近，可以炊烟相望，鸡犬相闻，各家又自成院落，互为邻里。

普米族房屋多为木结构。正房一般长 6.5 米、宽 3 米，四角立有大柱，中央立一方柱，称"擎天柱"（普米语称"三玛娃"），被认为是神灵所在的地方。屋脊架"人"字形横梁，用木板或瓦盖顶。四周墙壁均用圆木垒砌而成。这种房子俗称"木楞房子"或"木垒子"。一般分上下两层，上层住人，下层关牲畜或堆放杂物。居室的布局有一定格式：门朝东，靠门右方为火塘，用土石砌成，围以木板，称上火塘。两边搭宽约 70 厘米的木床，是接待客人的地方。在正对屋门的后墙下砌一与房屋等宽的大床，高约 70 厘米，上铺木板。在大床的中央再砌一火塘，其上架起三脚架，供取暖和烧水做饭之用，习惯上称下火塘。周围设铺位，左为男铺，右为女铺，供全家人起居之用。

火塘是房屋的中心，是全家人活动的主要场所。平时可坐在旁边烤火、聊天、唱歌、睡觉。吃饭时全家人也围坐在它的周围，由主妇分给饭菜，或大家边吃边在上面烤粑粑、烤肉，红彤彤的火映照着全家人的脸庞。每遇亲友来访，好客的普米人也必先将客人导入火塘边的上座，然后便奉茶献酒，端上热腾腾的牛羊肉、猪膘肉和一碗拌有葱、蒜、辣椒、花椒、香椿的酸辣汤，热情款待，直到客人酒足饭饱，甚至酩酊大醉。

3. "不落夫家" 的婚俗

在部分普米族的婚姻习俗中，还留存着"不落夫家"的习俗。从新婚之夜开始，新郎新娘可同居一室，但三年内不能发生亲密行为。婚后第三天，新娘便返娘家"回拜"，并长住于此，过起不落夫家的生活。隔一年后，男方要第二次去迎娶，可新娘在婆家住不上几天，又偷偷地跑回娘家。一年后，男方再次派人接回新娘，此时，新郎新娘才能开始真正的夫妻生活。

新郎的家人总是希望新娘早日受孕，而新娘却仍要设法返回娘家。当新娘怀孕后，娘家便通知男方举行坐家仪式，从此新娘才定居男家。按照旧的习俗，姑娘婚后起码要三回三转，甚至七回八转才能在男家定居。男家每迎娶一次，新娘就逃回一次。民间认为，如果一迎二娶后就居住在夫家，是一件不光彩的事。

这种有趣的婚俗，当地人称之为"三回九转婚"。在这种传统习俗的影响下，即使女方愿意坐夫家，通常也要按四次迎娶的老规矩办，否则，就会遭众人耻笑。

怒族

怒族主要分布在云南省怒江傈僳族自治州的泸水、福贡、贡山、兰坪县等地，与傈僳族、独龙族、藏族、白族、汉族、纳西族等民族交错杂居，主要从事山地农业。

1. 服饰

怒族男子的服饰风格古朴素雅，与傈僳族相似。男子蓄发多蓄长发，披发齐耳，用青布或白布包头。传统服饰为交领麻布长衣，内穿对襟紧身汗衫，外穿敞襟宽胸长衫，长衫无纽扣，穿时衣襟向右掩。大部分的怒族男子左耳佩带一串珊瑚，成年男子喜欢在腰间佩挂怒刀，肩挎弩弓及兽皮箭包，脚打竹篾制作的绑腿，显得英武剽悍。

LINREN XINCHISHENWANG DE CAIYUNZHINAN

怒族妇女常穿麻布做成的右衽短装，下装为麻布长裙，喜在衣裙上镶坠花边，在胸前佩戴彩色珠子串成的项圈。怒族妇女头戴用彩珠连串的珠珠帽，怒语称"卢批靠"，胸前挂彩色串珠，怒语称"夏委"和用海贝制作的一块圆形装饰品"勒呗"，装饰品的多少贵贱象征佩戴者的身份和经济状况，她们还喜戴铜耳环，喜挎自己缝制刺绣的怒包装饰并盛物。年轻的怒族姑娘喜欢在裙外系有彩色花边的围腰，已婚妇女的衣裙上都绣有花边。贡山一带妇女不穿裙，而是在裤外用两块彩条麻。喜用精致的竹管穿耳，体现其独到审美。

2. 民居

怒族的房屋为干栏式，多依山而建，主要分木板房和竹篾房两种。贡山地区的怒族多住木板房或半土墙半木房，这种房子比较宽大，一般是垛圆木为墙，屋顶覆盖薄石板。石板约一尺见方，由屋檐铺起，第一块平铺，第二块压着第一块的上边，第三块压着第二块的上边……一直覆盖到屋脊。福贡怒族都住竹篾房，这种房子较为矮小，多用竹篾笆做外墙和隔墙，用木板或石板覆顶。这两种房屋一般都为两层，楼上又多分成两间，外间待客，并设有火塘，火塘上安置铁三脚架或石三脚架，供炊饮之用。内间为卧室兼储藏室。楼下存放农具杂物或关牲畜。楼板用木板或竹篾席制成，铺设于架在斜坡地上的许多木桩上即可。这些木桩和房柱，如同千百只脚一样，支撑着整个房屋。因此，人们常常将这种房屋称为"千脚落地的房子"。

怒族的这种千脚落地竹木房，结构简单，既易搭建，也易于拆迁，又适合山区多雨多雾的特点。按传统习俗，一家建房，全村都来帮忙，一天之内就可以把房子建成。

3. 仙女节

每年的农历三月十五日，贡山怒族群众都要欢度盛大的传统节日——仙女节。节日这天一早，怒族群众穿上节日盛装，带上早已准备好的祭品和各种食物，手捧一束束鲜花，前往村寨附近的溶洞去祭祀、朝拜他们心目中的英雄——"仙女"阿茸，并举行聚餐和各种娱乐活动。

在这一天，人们边吃边喝，边唱边跳，整个山谷都沉浸在古朴而隆重的节日气氛中。关于仙女节的来历，还有一个有趣的传说：很久以前，怒家山寨有一个勤劳、聪明而又美丽的姑娘阿茸。她不辞艰辛，劈开了高黎贡山，引来了泉水，使常年干旱、荒芜的怒家山寨得到了浇灌，使两岸的岩石变成了沃土，荒山变成了绿野。可是她却被可恶的头人烧死在高黎贡山的山洞里。这一天是农历三月十五日，时值阳春三月，怒江两岸鲜花怒放。怒族人民为了纪念阿茸，便将这一天定为节日——仙女节，以此来纪念他们崇敬、热爱的阿茸。

德昂族

德昂族主要散居在云南省德宏傣族景颇族自治州的潞西县和临沧地区镇康县。德昂族有自己的语言和文字，语言属南亚语系孟高棉语族佤德昂语支，但文字流传不广，主要用于记载本民族的历史、道德、法规和佛经的书写等。

1. 服饰

德昂族的服饰，具有浓厚的民族色彩。男子多穿蓝色或黑色大襟上衣和宽而短的裤子，裹黑、白布头巾，巾的两端饰以彩色绒球。妇女多穿藏青色或黑色的对襟短上衣和长裙，用黑布包头，上衣襟边镶两道红布条，用四五对大方块银牌为纽扣，长裙上织有彩色的横条纹。青年人不论男女均喜欢佩戴银项圈、耳筒、耳坠等首饰。

由于各支系服饰的差异，过去曾有"红德昂"、"花德昂"、"黑德昂"之俗称。

在德昂族的服饰中，最引人注目的是妇女身上的腰箍。按德昂人的习惯，姑娘成年后，都要在裙子的腰部佩戴上数个，甚至数十个腰箍。腰箍大多用藤篾编成，也有的前半部分是藤篾，后半部分是螺旋形的银丝。藤圈宽窄粗细不一，多漆成红、黑、绿等色，有的上面还刻有各种花纹图案或包上银皮、铝皮。

这一独特的习俗，是唐代德昂族先民——茫人部落以"藤篾缠腰"为饰习俗的延续。传说德昂族的祖先是从葫芦里出来的，刚出来的时候，男人们都长得一模一样，女人到处乱飞，后来天神利用智慧将男子的容貌区分开来。男人们为了拴住女人，就用藤篾编成圈将她们套住，女人们再也飞不动了，只好同男人生活在一起。现在的腰箍，就是由那时的藤篾圈发展而来的。从这个神话可以看出，腰箍的起源有一定的功利目的，但随着历史的发展，这种象征意义失去了，腰箍变成了一种装饰品，成了一种美的标志。德昂族认为，姑娘身上佩戴的"腰箍"越多，做得越精致，越说明她聪明能干、心灵手巧。因此，成年妇女都佩带腰箍，并以多为荣。青年男女在恋爱期间，小伙子为了博得姑娘的爱，也往往费尽心机，精心制作刻有动植物图案花纹的藤篾腰箍，送给自己心爱的姑娘，于是腰箍又成了他们爱情的信物。

2. 民居

德昂族喜居干栏式竹楼。这种竹楼多用木料做框架，其他部分，如椽子、楼板、晒台、围壁、门、楼梯等均用竹子为原料，房顶则覆盖茅草而成。

　　德昂族的竹楼多依山而建，坐西向东。主要有正方形和长方形两种形制。比较典型而普遍的是以德宏地区为代表的一户一院式的正方形竹楼。这种竹楼分主楼和附房两部分。主楼呈正方形，楼上住人，一般分为卧室和客厅两部分，供全家人起居、会客和存放粮食、杂物之用；楼下圈养牲畜。附房多建在主楼的一侧，用作堆放柴草及安置舂米的脚碓。这种竹楼外形别致，美观大方，很像古代中原地区儒生的巾帽。关于它的来源，德昂族民间还流传着这样一个动人的故事：

　　当年诸葛亮率兵南征，来到德昂山寨。有一天突遭袭击，受伤遇险，幸得勇敢善良的德昂姑娘阿诺相救，才得以化险为夷，转危为安。在短暂的接触中，二人产生了感情。当重任在肩的诸葛亮不得不辞别心上人的时候，便将自己的帽子留给阿诺作为信物。痴情的阿诺苦等18年，等来的却是心上人的死讯。从此，心碎肠断的阿诺不吃不睡，每天呆立村头，望着心上人南去的路。到第三十三天，突然雷电交加、大雨倾盆，雨过天晴之后，阿诺不见了，而她站立的地方却出现了同诸葛亮的帽子一模一样的房子，这就是德昂人后来居住的竹楼。

3. 婚俗

德昂族男女青年的订婚仪式上要斩鸡头，如果鸡头与鸡身分为两半，双方就都不能反悔；如果女方不赞同这门亲事，就不许杀鸡。婚礼通常要进行 3 天，3 天之内全寨男女老幼要到新郎、新娘家里贺喜，由新郎新娘的双方家长宴请，并伴以对歌，彻夜不眠地欢歌笑语。

德昂族的婚姻是一夫一妻制，同姓不婚，很少和外族通婚。男女青年恋爱自由，女子在选择对象上有一定自主权。本民族内部没有严格的等级婚，只要双方愿意，贫富人家可以联姻。男青年到十四五岁时开始串姑娘，晚上他们到女青年家门外吹芦笙，引出姑娘来谈恋爱。双方建立感情后，互赠手镯、腰箍、项圈、篾箩、织锦接包等生活用品，然后再请寨中老人往女家说媒。只要女方同意了，家长一般是不反对的，他们认为姑娘爱着人了，不同意是不好的，至于女婿是不是称心如意，那是女儿命定的，父母无能为力。倘若女方父母反对，姑娘可自行到男家同居。

独龙族

分布在贡山独龙族怒族自治县独龙江流域的河谷地带，位于高黎贡山以西，但当利卡山以东，是独龙族唯一聚居地。独龙族的男女均散发，少女有文面的习惯，独龙族人相信万物有灵，崇拜自然物，相信有鬼神。

1. 服饰

独龙族的传统服装是黑白直条相交的麻布或棉布衣，下穿短裤，习惯用麻布一块从左肩腋下斜拉至胸前，袒露左肩右臂，左肩一角用草绳或竹针拴结，腰间佩带弩弓、箭包和砍刀。女子多在腰间系戴染色的油藤圈作装饰，常常披挂得五颜六色，串珠、胸链、耳环，甚至铜钱和银币常挂在颈上和耳下，以前有文面的习俗。妇女出门要身背精致的篾箩。男女不戴帽，多披头散发，赤足。

2. 民居

独龙族的生产和生活主要集中在河谷和山麓平台上，独龙村寨依山傍水，一座座木屋大多轻巧地构筑在陡峻的山坡地上。为使山洪从屋下流走，临江一面都是悬空的。勤劳的独龙人民房屋的四壁仅以竹篾包围起，上覆茅草，整个建筑结构简单，也有的在石基上垒垛整段的圆木，盖成结实的小木屋。走进独龙人的家里，首先跃入眼帘的便是那披在身上、摆在床上或是铺在柜子上面作为装饰品的独龙毯。这种毯子以棉麻为原料，用五彩线手工织成，质地柔软、古朴典雅，是独龙人民引以为自豪的民族工艺品。

3. 纹面

独龙族妇女文身的部位主要侧重于脸部，因此常称之为"画脸"、"纹面"。每当少女长到十二三岁时，便要纹面，以象征成年。施纹时，由年老有经验的妇女先用竹签蘸锅烟水在少女脸上画出图案，然后用小木棍敲击荆棘的硬刺或带针的木棍，使之依图案刺破皮肉，再将锅底灰或草汁揉入伤口，脱痂后即成青蓝色纹样。纹样大致可分两种：独龙河中上游地区，多自眉心至鼻梁文刺相

连的菱形纹五六个，然后以嘴为中心，向鼻翼的两侧展开，继续刺连缀的小菱纹经双颊至下颌处汇合，组成一方圈，方圈内竖刺条纹，方圈以上至眼睛的部位横刺点状纹，整个图案就像展翅欲飞的蝴蝶；独龙河下游地区比较简单，一般只在下颌处纹二三行竖条纹，其他部位不纹。

基诺族

主要分布在西双版纳傣族自治州景洪市基诺乡，其余散居于基

诺乡四邻山区。主要从事农业，善于种茶。使用基诺语，属汉藏语系藏缅语族彝语支。基诺族有自己的语言，但没有自己的文字，过去多靠刻竹木记事。

1. 服饰

基诺族服饰简单古朴，在一般民族的服饰中，往往女子服饰比男子服饰丰富，但基诺族却恰恰相反。

基诺族男子，上穿无领对襟白色外衣，无纽扣，前襟和胸部缀饰红、蓝色花条；下穿白、蓝宽裤，裤长齐膝。女子挽高髻，头戴三角形尖帽，少女帽角下垂至肩，已婚妇女则卷起一角。身背大麻布袋，外着无领长袖外衣和白背心，在白背心上刺有各色图案，下穿黑色红边的合缝裙子。

基诺族男女皆喜欢戴大耳环，耳环眼较大。他们认为耳环眼的大小，是一个人勤劳与否的象征，所以基诺族的男女从小就穿耳环眼，随着年龄的增长而逐渐扩大。

2. 民居

基诺族民间建筑多为干栏式竹楼。大致分为有两种：一是有一个火塘的竹楼，内居一个父系家族的全体成员，五六人至十余人；另一种是长方形竹楼，楼中居住同一父系氏族的数代人，楼中间用石头砌边的土台上排列着各个小家庭的火塘，火塘两旁是各小家庭的卧室，进门右边第一间为家长寝室。

3. 染牙

基诺族还喜欢染牙，认为染牙是一种美的表现，染牙大体有两种方法：一是把槟榔和石灰放在嘴里嚼食，时间久了牙齿逐渐变黑，且经久不褪色，这种方法染的牙还能保护牙齿不被虫蛀；另一种方法是把燃烧的花梨木闷在竹筒里，用熏出的黑汁涂在牙齿上，这种方法是年青姑娘们谈情说爱或结婚打扮时喜用的办法。

4. 节庆

基诺语称"特毛切"的打铁节，是基诺族最隆重的节日，一般于每年农历 12 月举行，历时 3 天。节日第一天上午要举行剽牛仪式，午后寨子里的长者敲响牛皮大鼓，人们情不自禁地随着鼓点围着大鼓跳起粗犷的舞蹈，这就是基诺人欢庆丰收的"太阳鼓"舞。太阳鼓是基诺族最神圣的祭器和乐器，每个村寨一般都有两面，分公鼓和母鼓。他们视太阳鼓为神灵的化身和村寨的象征。祭祀太阳鼓，目的是祈盼它能保佑全寨人丁兴旺、五谷丰登。